*DEREK PRINCE*

# REDDEDİLME İÇİN TANRI'NIN ÇÖZÜMÜ

GDK YAYIN NO: 194
KİTAP: Reddedilme İçin Tanrı'nın Çözümü
ORİJİNAL ADI: God's Remedy For Rejection
YAZAR: Derek Prince
ÇEVİRMEN: Ani Kazazyan
KAPAK: Keğanuş Özbağ

ISBN: 978-1-78263-459-1
T.C. Kültür ve Turizm Bakanlığı Sertifika No: 16231

© **Gerçeğe Doğru Kitapları**
Davutpaşa Cad. Emintaş
Kazım Dinçol San. Sit. No: 81/87
Topkapı, İstanbul - Türkiye
Tel: (0212) 567 89 92
Fax: (0212) 567 89 93
E-mail: gdksiparis@yahoo.com
**www.gercegedogru.net**

Copyright © 1995 by Derek Prince Ministries–International All rights reserved. Derek Prince Ministries–International P.O. Box 19501, Charlotte, North Carolina, 28219-9501 U.S.A. Turkish translation is published by permission Copyright © 2013 Derek Prince Ministries–International. **www.derekprince.com**

Bu kitap Derek Prince Ministries tarafından verilen izinle basılmıştır. Kitabın hiçbir bölümü herhangi bir şekilde elektronik veya mekanik - fotokopi, kayıt, ya da herhangi bir bilgi depolama veya geri dönüşüm sistemi kullanmak da dahil olmak üzere- yayıncısından yazılı izin alınmadan çoğaltılamaz.

Kitapla ilgili görüşleriniz için: derekprinceturkey@gmail.com

Kutsal Kitap alıntıları, aksi belirtilmedikçe
Türkçe *Bible Server.Com*'dan yapılmıştır.

**Baskı:** Anadolu Ofset – Tel: (0212) 567 89 93
Davutpaşa Cad. Emintaş Kazım Dinçol San. Sit.
No: 81/87 Topkapı, İstanbul
**1. Baskı:** Mayıs 2013

# İÇİNDEKİLER

1. Reddedilmenin Doğası ............... 5
2. Reddedilmenin Nedenleri ............... 14
3. İhanet ve Utanç ............... 23
4. Reddedilmenin Sonuçları ............... 29
5. En Büyük Reddedilme ............... 36
6. Çözümü Uygulamak ............... 53
7. Tanrı'nın Ailesine Kabul Edilmek ...... 64
8. İlahi Sevginin Dökülmesi ............... 72

Yazar Hakkında ............... 85

BİRİNCİ BÖLÜM

**REDDEDİLMENİN DOĞASI**

Hemen herkes bir veya birçok kez reddedilmeyi yaşamıştır ama birçoğumuz reddedilmenin doğasını veya etkilerini anlamamıştır. Reddedilmenin küçük etkileri olabileceği gibi tüm hayatımızı ve ilişkilerimizi derinden etkileyen büyük etkileri de olabilir.

İşte en çok rastlanan reddedilme örnekleri: Okul spor takımına seçilmemeniz; ilk erkek arkadaşınızın hiçbir neden belirtmeden sizin için çok önemli olan ilk buluşmanıza gelmemesi; eğitim almak istediğiniz üniversite tarafından kabul edilmemeniz; geçerli bir sebep olmamasına rağmen işten çıkartılmanız.

Bu örneklerden çok daha kötüsü ise, babanız tarafından sevildiğinizi hiç hissetmemiş olmanızdan, annenizin sizi istemediğini hissetmenizden veya evliliğinizin boşanma ile sonuçlanmasından kaynaklanan acıdır.

Bu gibi deneyimler, fark edelim ya da etmeyelim bizde kalıcı yaralar bırakırlar. Fakat size iyi bir haberim var! Tanrı reddedilmekten kaynaklanan yaralarınızı iyileştirebilir, kendinizi kabul etmenize yardım edebilir ve O'nun sevgisini başkalarına göstermenize olanak sağlayabilir. Ancak O'nun yardımını almadan önce, sorununuzun doğasını fark etmeniz gerekir.

Reddedilme, istenilmediğini hissetme durumu olarak tanımlanabilir. İnsanların sizi sevmesini istersiniz ama yine de sonunda sizi sevmediklerine inanırsınız. Bir grubun parçası olmak istersiniz fakat dışlandığınızı hissedersiniz. Bir şekilde siz hep dışarıdan bakan kişi olursunuz.

İhanet ve utançtan kaynaklanan yaralar da reddedilmeyle yakından ilişkilidir. Bu durumların hepsi yaralı kişi üzerinde benzer etkiler bırakır; istenilmeme veya kabul edilmeme duygusu.

Reddedilmek bazen o kadar yaralayıcı ve acı verici olur ki, zihnimiz bu duruma odaklanmayı reddeder. Yine de, bir şeyin orada olduğunu biliriz; akıldan, mantıktan ve hafızadan çok daha derinde. Orası ruhumuzdur. Süleyman'ın Özdeyişleri'nde bu durum şu şekilde açıklanır:

*"Mutlu yürek yüzü neşelendirir, acılı yürek ruhu ezer."* (Süleyman'ın Özdeyişleri 15:13)

Yazar aynı şekilde ezilmiş ruhun insanı nasıl etkilediğinden de bahseder:

*"İnsanın ruhu hastalıkta ona destektir, ama ezik ruh nasıl dayanabilir?"* (Süleyman'ın Özdeyişleri 18:14)

Hayat dolu bir ruh büyük zorluklardan geçerken insana destektir. Fakat ezik ruh hayatın her alanında insanı felç eder.

Bugün toplumumuz, kişiler arası ilişkilerde gitgide artan bir bozulmadan mustariptir. Çapraz ateş altında kalmış ve bunun sonucunda reddedilmenin yarasını almış olabilirsiniz. Bununla beraber size önerim, bu durumun iyi tarafını görmeye çalışmanızdır.

Şeytan'ın bazı şeyleri önceden bilebildiğine inanıyorum. Tanrı'nın sizi kullanmak istediğini bilir ve bu yüzden sizi önce rüzgârı ile vurur. Bu bir anlamda çarpıtılmış bir iltifattır. Bunun anlamı, Şeytan'ın sizin Mesih'te olabileceğiniz kişiden korktuğudur. Bu nedenle cesaretiniz kırılmasın. En dipten başlayanların genellikle tepede bitirdiklerini deneyimlerimden öğrendim. Kutsal Kitap şöyle der: *"Kendini alçaltan kişi yüceltilecektir"* (Luka 18:14).

İncil'deki bir ayetin, İsa'nın sizin için ne hissettiğini açıkladığına inanıyorum:

*"Kalabalıkları görünce onlara acıdı..."* (Matta 9:36)

Grekçeden "acımak" olarak tercüme edilen bu kelime orijinalinde inanılmaz güçlü bir anlama sahiptir. İnsanın karnı çevresinde şiddetli, fiziksel bir reaksiyonu ima eder. Bu reaksiyon o kadar güçlüdür ki bir karşılık bekler. "Acıma duygusu ile dolu" kişi sadece durup etrafına bakmaz. Bir şeyler yapmalıdır. Neden İsa bu kadar etkilenir?

"...Çünkü çobansız koyunlar gibi şaşkın ve perişandılar." (Matta 9:36)

Yorgun, bezmiş, hüsrana uğramış, hakkı yenmiş, korkmuş, endişeli, yükler altında ezilmiş hissedebilirsiniz. İsa o gün kalabalıkları gördüğü gibi, bugün de sizi görüyor. Size acıyor. Canınızı en çok acıtan yaralarınızı iyileştirmek için sabırsızlanıyor.

İlk olarak, reddedilmenin gerçek doğasını anlamalıyız. Reddedilme nasıl oluşur? Yaralanmamıza sebep olan nedir? Bu soruları cevapladıktan sonra, reddedilmenin neden olduğu yaraları nasıl iyileştirebiliriz sorusuna geçebiliriz.

1964 yıllarında hizmet ettiğim kişilerin büyük bir çoğunluğu nikotin veya alkol gibi madde bağımlılıklarıyla özgürlükleri kısıtlanmış insanlardı. Bununla birlikte, bu bağımlılıkların bir daldan filizlenmiş ince dallardan ibaret olduğunu çabuk keşfettim. Normalde ince dalları besleyen o dal hüsranlarımızdır. Bu nedenle, en pratik çözüm o dal ile uğraşmaktır. Hüsran dalı kesildiğinde, bağımlılık dallarıyla ilgilenmek nispeten daha kolaydır.

İnsanların kişisel sorunlarıyla boğuşurken adım adım ağacın gövdesinden aşağı indim ve görünen kısmın altında yalan söyleyen bölgeye, yani köklere ulaştım. Tanrı'nın hayatlarımızda ilgilenmek istediği yer burasıdır.

*"Balta ağaçların köküne dayanmış bile. İyi meyve vermeyen her ağaç kesilip ateşe atılır."* (Matta 3:10)

Ağaç nereden kesiliyor? Kökünden. Ağacın görünür kısmından daha da aşağı indikçe, ilk başta beni de şaşırtan bir keşifte bulundum. Kişisel sorunların en yaygın kökü reddedilmedir. Bu sonuca bir sosyolog veya psikolog olarak değil, ama bir vaiz ve bir Kutsal Kitap öğretmeni olarak vardım.

Babasının kollarında olan küçük bir çocuk hiç gördünüz mü? Başı babasının güçlü, koruyucu göğsüne dayanmışken, minik eli babasının yakasını sıkıca kavrar. Çevresinde baskı ve gerginlik olabilir ama çocuk kendini tehdit altında hissetmez. Yüzünde tam bir güvenlik ifadesi vardır. O ait olduğu yerdedir (Babası'nın kollarında).

Tanrı insan doğasını, bu dünyaya doğan her bebeğin bu türden bir güvenliği arzulaması için şekillendirdi. Bir çocuk asla ebeveyn sevgisi, özellikle de baba sevgisini tatmadan kendini tamamen tatmin olmuş ve tamamlanmış hissedemez.

Bu sevgiden yoksun olan herhangi bir kişinin reddedilme yarasına maruz kalması kaçınılmazdır. Amerika'daki bir nesil tüm babaların neredeyse tamamı çocuklarına bu sevgiyi vermekte başarısız olmuşlardır. Bu yüzden bugün elimizde en derin ve temel sorunu reddedilme olan genç bir nesil var.

Ebeveyn ve çocuklar arasındaki bu bozuk ilişkilere bir de günümüzde yüzde elliye ulaşmış olan başarısız evlilik istatistiklerini eklemeliyiz. Boşanmaya karar veren çiftlerden biri veya her ikisi, bu süreçten reddedilme yarası ile çıkarlar. Genellikle güven duygusunun yitirilmesinin verdiği acı da bu duruma eşlik eder.

Günümüzdeki toplum baskısını ve özelikle aile hayatındaki parçalanmışlıkları göz önünde tuttuğumuzda Amerika'da yaşayanların en az yarısı bir şekilde reddedilmekten mustariptir. Tanrı'nın Malaki Kitabı'ndaki şu sözü, sona yaklaşırken yaşanacak parçalanmış ilişkileri öngördüğü için verdiğine şüphe yoktur:

*"RAB'bin büyük ve korkunç günü gelmeden önce size Peygamber İlyas'ı göndereceğim. O babalarının yüreklerini çocuklarına, çocukların yüreklerini babalarına döndürecek. Öyle ki, ge-*

*lip ülkeyi lanetleyerek yok etmeyeyim."* (Malaki 4:5-6)

Parçalanmış ilişkilerden kaynaklanan reddedilmenin son ürünü ise lanettir. Buna karşın Tanrı, İsa aracılığıyla kendisine dönenler için bu lanetten kurtulmanın çözümünü sağladı.

Bu çözüm ne tür bir şifadır? Reddedilmenin zıttı nedir? Tabi ki, kabul edilmek. İsa aracılığı ile Tanrı'ya gittiğinizde size sunduğu şey tam olarak budur. *"O bizi sevgili Oğlunda seçti"* (Efesliler 1:4).[1] Yani İsa'da.

Bu ayette "seçti" olarak tercüme edilen kelime, orijinal Grekçede çok güçlü bir anlama sahiptir. Sadece kabul etmekten çok daha ötesidir. Aynı Grekçe kelime Luka 1:28'de "Tanrı'nın lütfuna erişen" olarak tercüme edilir.

İsa aracılığıyla Tanrı'ya geldiğinizde, kabul edilir ve bizzat İsa gibi yüce lütfa erişirsiniz. Tanrı'nın sizi aynı İsa'yı sevdiği gibi sevdiğini görmek şaşırtıcı görünebilir. O'nun ailesinin bir üyesi olursunuz.

Reddedilmenin üstesinden gelmek için ilk adım bu sorunun farkına varmaktır. O zaman, bu sorun ile ilgilenebilirsiniz. Bu konuda yalnız değilsiniz; sorununuzun farkına varmanız için Tanrı size yardım edecektir.

---

[1] *İngilizce NKJV'den tarafımızdan çevrilmiştir.*

Size yaşanmış bir örnek vereyim. İkinci Dünya Savaşı sırasında, Kuzey Afrika çöllerinde bir hastane hizmetlisi olarak çok zeki bir doktor ile çalışıyordum. Düşman uçakları bize çok yakın bir yere bomba atmıştı. Askerlerimizden birine şarapnel parçası saplanmıştı. Omuzunda küçük siyah bir delik iziyle hastanemize geldi. Sonuç olarak onunla ilgilenmek için çok meşguldüm, omzundaki yarayı temizlemeye ve doğru şekilde yapmaya çalışıyordum. Doktora "Bir sargı bezi çıkarayım mı?" diye sordum.

Doktor "Hayır, bana mili ver." dedi. Ona küçük gümüş çubuğu verdim ve o da bu çubuğu yaranın içine sokarak çevirmeye başladı. İlk anda hiçbir şey olmadı. Sonra aniden çubuk yaranın içinde bir şarapnel parçasına değdi ve hasta bir çığlık attı. Doktor sorunun nerede olduğunu bulmuştu.

Yeniden doktora sargı bezi getireyim mi diye sorduğumda şöyle dedi: "Hayır, bana pensi ver." Pensi yaraya soktu ve şarapnel parçasını yaradan çıkardı. Ancak ondan sonra pansuman yapmaya yanaştı.

Belki de yaranızın üzerine sizi iyileştiremeyecek küçük bir "din sargısı" koyuyorsunuz. İltihaplanmaya neden olan şey hala içerideyse bu işe yaramaz. Ama yüreğinizi Kutsal Ruh'a açarsanız, sorunun kaynağını O ortaya çıkaracaktır. Kutsal Ruh'un mili şarapnel parçasına değdiğinde gerekirse bağırın, acıyı içinizde tutmayın!

Ondan pensi ile o sorunu oradan çıkarmasını isteyin. Sonra Tanrı orayı tamamen iyileştirecektir.

Okumaya devam ettikçe, reddedilmeden kabul edilmeye nasıl gidebileceğinizi keşfedeceksiniz. Ayrıca, bu yolda ilerlerken ihanet ve utanç ile nasıl baş edeceğinizi de öğreneceksiniz. Daha sonra, Tanrı'nın mükemmel sevgisinin sizden başkalarına akmasına nasıl izin vereceğinizi size göstereceğim.

Reddedilme yarasını başarıyla fark eden ve şifa bulan birçok kişiyle ilgilendim. Siz de Tanrı'nın lütfu ile bu kişilerden biri olabilirsiniz.

## İKİNCİ BÖLÜM

## REDDEDİLMENİN NEDENLERİ

Tüm insan ilişkileri reddedilme riskini de beraberinde getirir. Bazen reddedilme ile okul yıllarımızda tanışırız. Belki ikinci el giysiler giymeniz, belki farklı bir ırktan olmanız veya belki fiziksel bir engeliniz nedeniyle, okulda dalga geçilen biri olarak mimlendiniz. Birçok insan farklı olandan rahatsız olur. Sizi nasıl tanımlayacaklarını bilmediklerinde ise, sizi reddederler.

En çok hasar veren reddedilmelerden biri, çocukların ebeveynleri tarafından reddedilmesidir. Bu yaraya neden olacak belli başlı üç durum olabilir. Bunlardan ilki, hamilelik esnasında çocuğun istenmiyor olmasıdır. Belki anne, rahminde taşıdığı çocuğu cidden istemiyordur. Bunu dillendirmeyebilir fakat yüreğinde bu tutuma sahiptir. Çocuk evlilik dışı olabilir. Hayatına girmesi ile anne açısından birçok soruna neden olacak bu duruma, kızıyor ve hatta bu durumdan nefret ediyor olabilir. Bu durumdaki bir bebek reddedilme duygusu ile doğabilir.

Amerika'daki insanlara ilgilenirken ilginç bir şey keşfettim. Belli bir yaş grubunda olanların bu türden bir reddedilme duyguları var gibiydi. Geçmişlerindeki ortak noktayı araştırdığımda, bu insanların Büyük Buhran[2] döneminde doğduklarını keşfettim. Bu sıkıntılı dönemde, annelerin beslemeleri gereken birçok boğaz varken yeni doğacak bir çocukla daha mücadele etme fikriyle başa çıkamadıklarını anladım. Annelerin bu ruh hali, o dönemin çocuklarını henüz doğmadan önce zaten yaralamıştı.

İkinci durum ise ebeveynlerin çocuklarına sevgilerini fiziksel olarak göstermediklerinde oluşur. Bir dönem araba tamponlarına yapıştırılan çıkartmalarda, "Bugün çocuğunuza sarıldınız mı?" diye yazardı. Bu çok iyi bir sorudur. Fiziksel olarak az ilgi gören ve az dokunulan bir çocuk reddedilmiş bir çocuk olmaya meyillidir.

Ebeveynler çocuklarını sevse bile bu sevgilerini nasıl ifade edeceklerini bilemeyebilirler.

---

[2] 1929 yılında büyük çaplı intiharlara yol açan ve tüm Amerika'yı etkileyen büyük ekonomik kriz dönemi.

"Sanırım babam beni seviyordu ama nasıl ifade edeceğini asla bilemedi. Hayatı boyunca beni hiç kucağına almadı; beni sevdiğini gösteren hiçbir şey yapmadı" diyen birçok kişi ile konuştum. Bu durumu annesi ile yaşayan çocuklar da olabilir fakat her iki durumda da çocuk "İstenmiyorum" diye düşünür.

Bugün acı ve isyan ile dolu çocuklar ile konuştuğunuzda, "Ailelerimiz bize elbiseler, arabalar aldı, yüzme havuzlarına yolladı, iyi bir eğitim sağladı fakat bize hiç zaman ayırmadılar. Onlar asla kendilerini bize vermediler" dediklerini göreceksiniz.

1960'lı yıllarda gençlerin bir üst nesle karşı gösterdiği sert tepkinin bir nedeninin de bu olabileceğini düşünüyorum. Bu, sevgisiz materyalizme karşı bir tepkiydi. Bu acı ve isyanla dolmuş gençlerin birçoğu bir hayli ayrıcalıklı, zengin evlerin çocuklarıydı. Onlara, en çok ihtiyaç duydukları ve istedikleri sevgi haricinde her şey verilmişti.

Ailesi boşanan bir çocuk da bu gibi bir reddedilme yaşayabilir. Terk edilip çocuklarına bakmak zorunda kalan kişi genellikle annedir. Bu ortamdaki bir çocuğun bir zamanlar sıcak, sevgi dolu bir ilişki içinde olduğu babası birdenbire ortadan kaybolur. Bu terk ediş çocuğun yüreğinde acı bir boşluk oluşturur.

Eğer baba evi başka bir kadın yüzünden bıraktıysa çocuğun tepkisi ikiye katlanır: Babasına karşı acılık ve diğer kadına karşı nefret. Çocuk bu durumda, "Sevdiğim ve güvendiğim kişi beni bıraktı. Artık bundan sonra kimseye güvenmeyeceğim" diyen derin bir reddedilme yarasına sahiptir.

Çoğu kez boşanma sonucunda annenin omuzlarına yüklenen yeni sorumluluklar anneyi çocuğuna daha önce gösterdiği ilgiyi gösteremez hale getirir. Bu durumda çocuk çift reddedilme yaşar: Hem babadan ve hem de anneden.

Reddedilmeyi yaratan üçüncü bir durum, bilinçli veya değil, ebeveynlerin kardeşlere eşit derecede sevgi göstermemesidir. Örneğin üç çocuklu ailelerde ilk doğan akıllı ve tüm soruların cevabını bilen bir çocuk olabilir. İlk çocuk olarak bu ayrıcalığının da tadını çıkarır. İkinci çocuk gelir ve o kadar da parlak değildir. Üçüncü çocuk ise sevimli ve hayat doludur. Ortanca çocuk diğerlerinin yanında kendini hep değersiz hisseder. Ebeveynler hep büyük veya en küçük çocuklarını överler fakat ortanca çocuk hakkında pek bir şey söylemezler Birçok durumda ortanca çocuk reddedilmeyi ve istenilmediğini hisseder. "Annem ve babam ağabeyimi ve kardeşimi seviyorlar fakat beni sevmiyorlar" diye düşünür. Aile içinde bir kardeşin reddedilmeyi yaşamasının yanı sıra, bazen bir çocuk diğer kardeşlerine oranla daha fazla seviliyormuş gibi algılanabilir. Bu durumda diğer kardeşler, kendilerini sevilen çocuk ile karşılaştırıp reddedilme hissine kapılabilirler.

Birkaç kızı olan fakat kızları arasından birini fazlaca kayıran bir annenin hikâyesini hatırlıyorum. Bir gün yan odada bir ses duymuş. Çok sevdiği kızı olduğunu düşünüp seslenmiş: "Canım, sen misin?" Diğer odadaki kızı ise bezgin bir ses tonu ile cevaplamış: "Hayır anne, sadece benim."

Bu olaydan sonra anne kızını kayırmasının diğer kızları üzerinde bıraktığı etkiyi fark etti. Pişmanlık duydu ve diğer kızlarıyla zarar görmüş olan ilişkilerini onarmaya çalıştı.

Reddedilmenin küçük yaşta nasıl oluşabileceğini ve nasıl bir ruhsal şok yaratabileceğini anlatmam için bir örnek daha vermeme izin verin. Yıllar önce Miami'de bir kilisenin vaiziydim. Kilise ayininden birkaç akşam önce cemaatimiz üyelerinden birini evinde ziyaret ettim ve nadiren yaptığım bir şey yaptım. Ona "Kardeşim, yanılmıyorsam sende ölüm ruhunu hissediyorum" dedim.

Mutlu olmak için her sebebi vardı fakat mutlu değildi. İyi bir kocası ve çocukları olmasına rağmen güldüğü veya mutlu göründüğü zamanlar çok azdı. Her zaman yas tutan birine benziyordu. Birine bu gibi bir cümleyi çok nadir kurduğum halde, o akşam bunu ona söylemem gerektiği hissettim.

Ona "Cuma akşamı Miami'de vaaz veriyorum. Gelirsen senin için dua edeceğim" dedim.

Toplantının başında en öndeki sırada oturduğunu fark ettim. Yine çok nadir bir şey yaptım. Toplantının belli bir yerinde ona doğru yürüdüm ve ona: "Ölüm ruhu, İsa Mesih adıyla şimdi bana cevap vermeni buyuruyorum. Ne zaman bu bayana girdin?" dedim.

Bayan değil fakat o ruh çok açık şekilde beni cevapladı: "Henüz o iki yaşındayken."

"Peki nasıl girdin?" diye sordum.

Yine o ruh beni cevapladı: "Reddedildiğini ve istenmediğini hissediyordu, kendini yalnız hissediyordu."

O akşamdan sonra, bayan ölüm ruhundan özgürleşti fakat birkaç gün boyunca bu olay hep aklıma gelip durdu. Bu olay bana reddedilmenin insan hayatındaki etkisi hakkında yeni bir anlayış kazandırdı. Reddedilme sadece kötü olmakla kalmaz, aynı zamanda birçok olumsuz yıkıcı güçlerin içeri girmesi için kapı açar ve kişinin hayatını kademeli olarak ele geçirir. Reddedilme, zararlı olanın büyümesi için gerçek bir köktür.

O günden beri reddedilmenin neden olduğu etkilerden özgürleşmeye ihtiyaç duyan birkaç yüz kişi ile ilgilendim.

Daha önce verdiğim örnekteki kadının durumu çok belirgindi fakat reddedilmenin etkileri her zaman bu kadar belirgin olmayabilir. Reddedilme, beraberimizde taşıdığımız saklı bir ruh hali olabilir. Sorun ruhumuzda yatıyordur. Her duygunun, tepkinin ve tutumun ona ilişkin bir ruhla bağlantılı olduğunu deneyimlerimden öğrendim. Korkunun ardında korku ruhu, kıskançlığın ardında kıskançlık ruhu, nefretin ardında nefret ruhu bulunur.

Tabi ki bu korkan her kişide korku ruhunun bulunduğu anlamına gelmez. Buna karşın, kontrolsüz ve tekrarlayan bir şekilde korku yaşayan bir kişi muhtemelen korku ruhunun girmesi için bir kapı açar. Bundan sonra ise artık kişi kendi hayatında tam bir kontrole sahip olamaz.

Bu, kıskançlık veya nefret gibi duygular için de geçerlidir. Birçok durumda reddedilme diğer olumsuz ruhlara kapı açar. Daha önce bahsettiğim gibi reddedilme birçok yıkıcı duygu ve tutumun büyümesini sağlayan bir köktür.

Sürecin nasıl işlediği konusunda bir örnek vermek istiyorum. Eleştirel ve sevgisiz olduğu için babasından nefret eden bir kız reddedildiğini hisseder. Bu nefret, artık bastırılmayacak kadar derinlere iner.

Bu kız bir yetişkin olup, evlenir ve çocukları olur. Zamanla kendini çocuklarının birinden nefret ederken bulur. Nefreti tehlikeli ve sebepsizdir ama bunu kontrol edemez. Bu, nefret ruhudur. Artık kızın babası olmadığı için bu nefret başka bir aile bireyine yönlendirilmiştir.

Bu bayan, nefret ruhunun başka bir etkisi olarak tüm erkeklerden nefret edebilirdi. Lezbiyen bile olabilir ve erkeklerle sağlıklı bir ilişkiden kaçınabilirdi.

Bir sonraki bölümde, birçok kişinin derin, yakın ilişkilerinde deneyim ettiği bir reddedilmeye bakacağız (güvenin ihanete uğraması). Ayrica size utancın bu gibi bir reddedilmeye nasıl eşlik ettiğini açıklayacağım.

## ÜÇÜNCÜ BÖLÜM

## İHANET VE UTANÇ

Daha önce erken çocukluk döneminde yaşanan reddedilmenin başlıca nedenlerine değinmiştik. Büyürken daha yakın ve samimi ilişkiler kurarak kendimizi reddedilme olasılığına daha açık hale getiririz. Bu gibi yakın ilişkilerimizde ve özellikle de evlendiğimiz kişi tarafından reddedilmeye maruz kalırsak, içinde güven istismarını barındıran reddedilmenin acısı ikiye katlanır ve ihanete dönüşür.

Diğer hizmetlerde olduğu gibi birçok kez her şeyini kaybettiğini hisseden kadınlara danışmanlık yaptım. Bu kadınlar kocalarına güvenmiş ve koşulsuz kendilerini kocalarına adamıştı. Sonra kocaları onları terk etti. Kadınlar kendini ihanete uğramış hissetti. Aynı şekilde karıları tarafından ihanete uğramış birçok erkek ile de konuştum. Ayrıca çok farklı ihanet türleri de gördüm.

Hiç ihanete uğradınız mı? Peki, bu durumu nasıl karşıladınız?

Biri size ihanet ettiğinde şöyle diyebilirsiniz: "Bir daha kendimi kimseye açmayacağım. Kimsenin beni bu şekilde kırmasına izin vermeyeceğim." Bu çok doğal bir tepkidir fakat aynı zamanda çok tehlikelidir. Bu bir zamanlar çok kırılmış kişilerde görülen ikinci bir problemi de ortaya çıkaracaktır: Savunma isteği. Savunma hep şöyle der: "Tamam, hayatıma devam edeceğim ancak bir daha kalbimi bu şekilde kıracak kimseyi yanıma yaklaştırmayacağım. Başkaları ile arama hep bir duvar koyacağım."

Bu durumda kim acı çeker biliyor musunuz? Siz! Kişiliğiniz acizleşir ve tamamlanamazsınız. Bir ağaç gövdesi iyi beslenemediğinde nasıl gelişirse öyle olursunuz, yani çarpık bir şekilde gelişirsiniz.

Yeşaya'da ihanetin neye benzediğini bize gösteren çok canlı bir resim görürüz. Mesih halkı İsrail'i Yeşaya aracılığı ile teselli etmektedir. Tanrı onların durumunu nasıl görüyorsa bunu açıkça ortaya koyan bir resim çizer. Halkını kocası tarafından reddedilmiş bir kadına benzetir.

Bu durum günümüzde abartısız milyonlarca kadın için çok tanıdık bir durum ve hala Tanrı bu sözleri bizi teselli etmek için kullanıyor:

> *"Korkma, ayıplanmayacaksın,*
> *Utanma, aşağılanmayacaksın.*
> *Unutacaksın gençliğinde yaşadığın utancı,*
> *dulluk ayıbını artık anmayacaksın.*
> *Çünkü kocan, seni yaratandır.*
> *O'nun adı Her Şeye Egemen RAB'dir.*
> *İsrail'in Kutsalı'dır seni kurtaran.*
> *O'na bütün dünyanın Tanrısı denir.*
> *Tanrın diyor ki,*
> *'RAB seni terk edilmiş,*
> *Ruhu kederli bir kadın, genç yaşta evlenip sonra dışlanmış bir kadın olarak çağırıyor.'"*
> (Yeşaya 54: 4-6)

İhanetin resmi son ayetteki "ruhu kederli bir kadın, genç yaşta evlenip sonra dışlanmış bir kadın olarak çağırıyor" ifadesiyle tepe noktasına ulaşır. Belki birçoğunuz bu duyguyu iyi biliyorsunuzdur.

Bazen bu durumun tam tersi olabilir; kadın kocasını reddeder. Erkekleri kadınlardan daha güçlü kabul etme eğiliminde olsak da, ilgilendiğim birçok durumdaki deneyimlerime dayanarak, reddedilen erkeklerin de tarifsiz acılar çektiğini söyleyebilirim. Bu gibi durumlarda erkek kendini başarısız hissedebilir. Bir bakıma bir erkeğin bu acıyı yaşaması daha da zor olabilir çünkü bu durumdan çok utanır. Toplumumuz erkeğin duygusal acılara daha dayanıklı olmasını beklemektedir.

Yeşaya bölümündeki bu canlı resim genellikle evlilikte yaşanan bir ihanet ile bağdaştırılır. Yeşaya'da Tanrı şöyle der: "Ayıplanmayacaksın... Aşağılanmayacaksın." Birine kendinizi koşulsuzca sundunuz, tüm sevginizi onun üzerine boşalttınız, kendinizi ona açtınız ve sonra o sizi reddetti. Tüm bunların sonucunda utanç ve aşağılanma hissedersiniz.

Eğer herhangi bir nedenle biriyle buluşmaya uygun olmadığınızı hissediyorsanız utanıyorsunuz demektir ve kimsenin yüzüne doğrudan bakamazsınız. Utanç hisseden kişiler, biri onlara baktığında genellikle ya gözlerini indirirler ya da gözlerini başka yöne çevirirler. Utanç kişiyi zayıflatır ve sağlıklı insan ilişkilerinden uzaklaştırır.

Boşanmayla sonuçlanan ihanete ek olarak, utancın insan ruhunu etkileyen iki yolu daha vardır: Toplum tarafından aşağılanma ve çocuk istismarı.

Toplum tarafından aşağılanma genellikle okul yıllarında başlar. Örneğin, eşim ve ben çok iyi genç bir Yahudi ile tanıştırıldık (onun adına Max diyelim.). Max Mesih'i kabul etmiş fakat hala problemleri olan bir gençti. Bir gün onunla konuşurken utandığını hissettim. Bunu ona söyledim ve neden olduğunu sordum. Aklına okul yılları geldi. Okul yılının sonunda okul müdürü tüm okulun önünde sadece Max'in başarısız olduğunu ve seneye sınıf tekrarı yapacağını açıklamıştı.

O günden sonra Max asla olması gereken kişi olamamıştı. Hep durumu örtbas etmişti. Hep en iyisi olduğunu kanıtlamak için agresif ve aktif olmuştu. Fakat hep kendinizin başkaları kadar iyi olduğunu kanıtlamak için kendinizi yiyip bitiriyorsanız bir şeylerde terslik vardır. Max utancı fark etmeli ve kabullenmeliydi.

İhanet ve utanç hissinin yerleştiği bir başka durum ise çocuklukta yaşanan fiziksel veya ruhsal istismardır. Bu ikisi de toplumumuzda gayet yaygındır. Çoğunlukla bunu yapan ebeveynler, büyük baba veya diğer aile bireyleri olduğu için çocuklar yaşananları anlatamayabilirler. İstismara uğramış olan çocuk bir daha aile bireylerine güvenip güvenemeyeceği konusunda tereddüttedir. Bu nedenle kişi hep karmaşık tutumlar içindedir; bir yandan güvensizlik diğer yandan ise saygı duymaya mecbur hissetme. Bir çocuk kendini istismar eden bir ebeveyne nasıl saygı gösterebilir?

Kişi bu gerginliği çözmeden de hayatını yaşayabilir. Bu durum sadece utanç verici bir anı olarak kalır. Fakat bu durumu Tanrı'ya açabilir ve tüm saklı kalmış sırlarınızı O'na anlatabilirsiniz. O'nu asla utanca düşürmez, asla şoke edemezsiniz ve O sizi asla reddetmeyecektir. Ona başınıza gelen en kötü olayları bile anlatabilirsiniz ve O'nun cevabı sadece şu olacaktır: "Ne yaşadığını biliyorum ve seni hala seviyorum."

Tanrı'nın bizi mükemmel kabul edişine rağmen reddedilme, ihanet ve utanç duyguları O'nun sevgisini fark etmemizi engeller. Bu konuyu bir sonraki bölümde açıklayacağım.

## DÖRDÜNCÜ BÖLÜM

## REDDEDİLMENİN SONUÇLARI

Reddedilmenin başlıca sonucunun sunulan sevgiyi kabul edememe veya sevgiyle iletişim kuramama olduğuna inanıyorum. Sevilmeyi hiç tatmamış bir kişi sevgiyi aktaramaz. Aşağıdaki ayet bunu anlatıyor:

> "Seviyoruz, çünkü önce O bizi sevdi."
> (1. Yuhanna 4:19)

Tanrı'nın sevgisi O'na sevgi ile karşılık vermemizi sağlıyor. Sevgi başka biri tarafından canlandırılmadığı sürece uykuda kalır. Böyle bir etkileşime girmeden hayat bulamaz.

Bundan dolayı, eğer bir kişi Tanrı'nın veya ailesinin sevgisini bilmiyor ise bu sevgisizlik nesilden nesle geçebilir. Örneğin, bir ailede bir kız bebek doğsun ve hiç sevilmesin. Bu kız reddedilme ile yaralanır ve hiç sevemez. Sonra büyür, evlenir, bir anne olur ve bir kızı olur. Bu anne sevgiyi hiç bilmediğinden kızına da sevgiyi veremez ve kızı da aynı sorunu yaşar. Böylece bu korkunç sorun nesilden nesle sürer gider.

Bu gibi insanlara hizmet ederken hep şunu söylerim: "Bunu bir yerde durdurmalısın. Neden şimdi buna son vermiyorsun, böylelikle bu durum senden sonraki nesillere de geçmez. Çocuklarına miras bırakmak istediğin bu mu?"

Tanrı Hezekiel aracılığı ile çocukların atalarının yaptıkları hatalar yüzünden acı çekmemesi gerektiğini söyler:

*"RAB bana şöyle seslendi: İsrail için, 'Babalar koruk yedi, çocukların dişleri kamaştı' diyorsunuz. Bu deyişle ne demek istiyorsunuz? Varlığım hakkı için diyor Egemen RAB, İsrail'de artık bu deyişi ağzınıza almayacaksınız. Her yaşayan can benimdir. Babanın canı da çocuğun canı da benimdir. Ölecek olan, günah işleyen candır...*

*...Kurallarımı izler, ilkelerimi özenle uygular. İşte böyle biri doğru kişidir. O yaşayacaktır. Egemen RAB böyle diyor."* (Hezekiel 18:1-4,9)

Bu nedenle, ebeveynleriniz sizi sevmediyse dahi Tanrı sizin veya çocuklarınızın bu hatanın bedelini ödemesini istemiyor. Tanrı'nın sağlayışını kabul ederek bu kötü mirası bir kerede ve tamamen kesip atabilirsiniz.

Reddedilme sevgi gösterememenin yanında ikincil bazı sonuçlar da yaratabilir. Reddedilmenin üç çeşit insan yarattığını söyleyebilirim: Pes eden, direnen ve savaşan.

İlk olarak pes eden kişiye bakalım. Böyle biri şu şekilde düşünür: "Bunu kaldıramam. Hayat benim için çok ağır. Yapabileceğim hiçbir şey yok."

Bu gibi kişilerle ilgilenirken bu tutumun onları giderek dibe çeken başka negatif duygu ve tutumlara da yol açtığını gördüm:

Reddedilme - Yalnızlık - Kendine acıma - Istırap - Depresyon - Çaresizlik veya Umutsuzluk - Ölüm veya İntihar.

En son aşama çok trajiktir. Tabi ki birçok kişi daha azıyla yetinebilir, ama reddedilmeyle tetiklenen eylemin mantıklı sonucu budur. Reddedilme intihar veya ölüm ile sonuçlansa da bu her bir kişi için duygusal bir makyajdır. Olaylara tepki vermeyen kişiler ölüme de direnmezler. Aslında reddedilme, doğal gibi görünen birçok ölümün tetikleyici unsurudur.

Ölüm yolunu izleyen bir kişinin ölüme karşı içsel bir arzusu vardır. Hiç "Ölsem daha iyi" veya "Yaşamanın ne anlamı var ki?" gibi cümleler kurdunuz mu? Bu çok tehlikeli bir konuşma şeklidir çünkü ölüm ruhunu davet eder.

Bunun aksine, agresif bir tutum izleyen bir kişi için ise intihar çok radikal bir çözümdür. Bu tutumdaki kişiler de kendilerine "Yaşamımın anlamı ne?" sorusunu sorarlar ancak bu soruya şunu da eklerler "Ben bu yaşamı sonlandırabilirim."

Çoğunlukla agresif kişi intiharı kendine acı çektirenlerin canını yakmak için bir araç olarak görür. Şöyle düşünür: "Onlardan intikam alacağım. Ben nasıl acı çektimse onlar da çekecekler!"

Son verilere göre 1990 yılında Amerika'da gençler arasındaki intihar vakalarının sayısı korkutucu seviyelere ulaşmıştır. Ulusal Sağlık Merkezi istatistiklerine göre, beş ve yirmi dört yaşları arasındaki beş binden fazla genç intihar etti.

Bu vakaların birçoğunun kökündeki belirlenemeyen sebep reddedilmeydi. Bu gençler bunu muhtemelen sözlerle ifade edemediler fakat ruhlarının derinliklerinde istenmediklerini ve önemsiz olduklarını hissediyorlardı.

Şimdiye kadar bahsettiğim bu belirtileri siz de taşıdığınızı fark etmeye başladınız mı? Tepkilerinizde kontrolü kaybediyorsanız belki sadece kendi olumsuz tutumlarınızla mücadele etmiyorsunuzdur. Belki bu tutumları kontrol eden şeytani bir ruhun etkisi altındasınızdır.

Bu ihtimali göz ardı etmeyin. Sorununuzla yüzleşmek bu sorunu alt etmeniz için büyük bir adım olabilir. Bir sonraki bölümde bu gibi şeytani ruhlara karşı nasıl dua edeceğinizi anlatacağım.

Reddedilmenin şekillendirdiği ikinci kişilik tipi ise pes etmeyi reddedip kendine bir çeşit koruma duvarı inşa eder... Bu duvarın arkasında, içindeki acıyı ve mücadeleyi saklamaya çalışır.

Kendini bu şekilde savunmaya çalışan kişi çoğunlukla suni bir mutluluk geliştirir. Böyle biri genellikle dışa açık görünüşlü ve konuşkandır fakat sesi sahte ve metalik tınlar. Bu tip bir savunma mekanizması geliştirmiş bir bayan çoğunlukla aşırı makyaj yapar. Mimik ve jestleri abartılıdır. Sesi normalden daha yüksektir. Sanki hiç acı çekmemiş, her şey yolundaymış ve hayatı mükemmel sürüyormuş gibi umutsuzca mutlu görünmeye çalışır. İçinden geçenler ise şöyledir: "O kadar canım yandı ki kimseye beni yaralaması için bir fırsat daha vermeyeceğim. Kimse canımı acıtabilecek kadar bana yaklaşamayacak."

Bu, daha önce belirttiğim gibi ihanet yaşamış bir kişinin vereceği bir tepkidir. Günümüz Amerikan toplumunda bu gibi bir durumda olan sayısız insan vardır.

Üçüncü kişilik profili ise savaşçı kişiliktir Bu tip biri her şeyle savaşır. Reddedilmeye verdiği tepki şu şekilde gelişir: İlk olarak, reddedilme; ikinci, gücenme; üçüncü, nefret; ve son olarak, isyan. Kutsal Kitap'a göre isyan ve büyücülük ikizdir.

*"Başkaldırma falcılık kadar günahtır."*
(1. Samuel 15:23)

Büyücülük günahı, yanlış ruhsal deneyimler yaşamak için esrarengiz işlere katılmak anlamına gelir. Bunlar, Ouija tahtaları (bir nevi çarkıfelek), yıldız falı, falcılık, ruh çağırma, uyuşturucu gibi tüm gizemli işleri kapsar. Bu günah gerçekten bir isyanın ifadesidir... Gerçek Tanrı'dan yüz çevirip yalan bir tanrıya dönmektir. Bu On

Emir'deki birinci emre karşı gelmektir: *"Benden başka tanrın olmayacak"* (Mısır'dan Çıkış 20:3).

Aslında, 1960'lı yıllarda büyüyen genç nesil gücenme, nefret, isyan ve esrarengiz işlere yöneldi. Daha önce belirttiğim gibi bunun nedeni maddi yetersizlikler değil, ama gerçekten istedikleri tek şey olan sevilme duygusunu hissedememeleriydi.

Bir sonraki bölümde İsa'nın reddedilme yaralarını iyileştirmek için ne yaptığını göreceğiz.

BEŞİNCİ BÖLÜM

# EN BÜYÜK REDDEDİLME

Tanrı'nın İncil'de sunduğu her şey bir gerçeğe dayanır. Bu üç aşamada özetlenebilir: Gerçekler, iman ve duygular.

İncil üç basit gerçek üzerine temellenmiştir: Kutsal Yazılar'a göre Mesih günahlarımız için öldü, gömüldü ve üçüncü gün dirildi. 1. Korintliler 15:3-4, bu gerçeklerin tüm İncil'in temeli olduğunu ortaya koyar. Bunlar *gerçeklerdir*.

İman bu gerçekleri benimsetir. İman gerçeklerle başlar; kabul eder, inanır ve uygular. Gerçekler ve imandan sonra ise duygular gelir.

İmanınızın gerçeklere mi yoksa duygulara mı dayandığı hayatınızda büyük fark yaratacaktır. Eğer imanınız duygularınıza dayanıyorsa çok tutarsız ve dengesiz bir kişi olacaksınız. Duygularınız şartlara göre değişebilir ama gerçekler asla değişmeyecektir. Gelişen Hristiyanlar olmak istiyorsak duygularımız bizi şüpheye düşürse bile gerçeklere inanmayı öğrenmeliyiz.

Tanrı'nın reddedilmeye karşı sağladığı çareyi kabul etmek için iki temel gerçeğe sarılmalısınız. İlk olarak, Tanrı insanlığın çeşitli ihtiyaçları için birçok farklı çözüm sunmadı. Bunun yerine tüm insanların tüm ihtiyaçlarını karşılayan tek bir çözüm sundu: İsa'nın çarmıhta kurban olarak ölümü.

İkinci olarak, çarmıhta gerçekleşen takas Tanrı'nın Kendi planı idi. İsa'nın günahsız itaatinin tüm lütuflarına sahip olabilmemiz için, günahlarımızın bütün kötü bedeli İsa'nın üzerine yüklendi. Biz bunu hak edecek hiçbir şey yapmadık ve bu gibi bir şeyi talep edecek hakkımız dahi yoktur. Bu sadece Tanrı'nın sonsuz sevgisinden kaynaklandı.

Bu nedenle, sahip olduğumuzu sandığımız erdem ve faziletlerimizle Tanrı'ya yaklaşmaya çalışmamız anlamsızdır. Sunabileceğimiz hiçbir şey İsa'nın yerimize sunduğu kurbanla karşılaştırılamaz. Bizim tam tersimize saf, kutsal Tanrı'nın Oğlu ölümüyle günahlarımızın bedelini ödedi: "Bütün doğru işlerimiz kirli adet bezi gibi" (Yeşaya 64:6).

Bu mükemmel vahiy şu iki mısrada özetlenmiştir:

*Ne kadar yüce, mükemmel ve bedelsizdir
Tanrı'nın sevgisi ben günahkâra karşı!*

Aşağıdaki ayetleri okurken çarmıh üzerinde gerçekleşen takasın birçok yönünü keşfedeceksiniz.

*"İbrahim'e sağlanan kutsama Mesih İsa aracılığıyla uluslara sağlansın ve bizler vaat edilen Ruh'u imanla alalım diye, Mesih bizim için lanetlenerek bizi Yasa'nın lanetinden kurtardı. Çünkü, 'Ağaç üzerine asılan herkes lanetlidir' diye yazılmıştır."* (Galatyalılar 3:13-14)

*"Tanrı, günahı bilmeyen Mesih'i bizim için günah sunusu yaptı. Öyle ki, Mesih sayesinde Tanrı'nın doğruluğu olalım."* (2. Korintliler 5:21)

*"Rabbimiz İsa Mesih'in lütfunu bilirsiniz. O'nun yoksulluğuyla siz zengin olasınız diye, zengin olduğu halde sizin uğrunuza yoksul oldu."* (2. Korintliler 8:9)

*"Ama meleklerden biraz aşağı kılınmış olan İsa'yı, Tanrı'nın lütfuyla herkes için ölümü tat-*

*sın diye çektiği ölüm acısı sonucunda yücelik ve onur tacı giydirilmiş olarak görüyoruz."* (İbraniler 2:9)

Takası görebildiniz mi? Mesih O'nun kutsamasını alabilelim diye lanetimizi üzerine aldı. O'nun doğruluğuna sahip olabilmemiz için günahlarımızı O yüklendi. O'nun zenginliğine sahip olabilmemiz için fakirliğimizi O yüklendi. O'nun yaşamına sahip olabilmemiz için bizim ölümümüzü O yüklendi. Sizce de harika değil mi?

Bu takas, bizim utanç ve reddedilmemizle de ilişkilidir. İbraniler'in yazarı şöyle dedi:

*"Gözümüzü imanımızın öncüsü ve tamamlayıcısı İsa'ya dikelim. O kendisini bekleyen sevinç uğruna utancı hiçe sayıp çarmıhta ölüme katlandı ve Tanrı'nın tahtının sağında oturdu."* (İbraniler 12:2)

İsa çarmıha çıktığında yaşayacağı utancın ve toplum önündeki aşağılanmanın farkındaydı. Aslında çarmıha germe uygulamasının öncelikli amaçlarından biri de kişiyi utanca boğmaktır. Kişi çıplak olarak çarmıha gerilirken izleyiciler yanlarından geçer ve aşağılayıcı sözler söylerlerdi, hatta bazen şu an söyleyemeyeceğim ağza alınmayacak sözler söylerlerdi.

Yeşaya yedi yüzyıl önce İsa'nın çekeceği eziyetler konusunda kısa bir peygamberlikte bulundu:

*"Bana vuranlara sırtımı açtım,
Yanaklarımı uzattım sakalımı yolanlara.
Aşağılamalardan, tükürükten yüzümü gizlemedim."* (Yeşaya 50:6)

İsa gönüllü olarak çarmıhtaki bu alaylara katlandı. Bunun karşılığında Tanrı bize ne sunar? Tekrar, Yeşaya'ya dönelim:

*"Utanç yerine iki kat onur bulacaksınız,
Aşağılanma yerine payınızla sevineceksiniz,
Böylece ülkenizde iki kat mülk edineceksiniz;
Sevinciniz sonsuz olacak."* (Yeşaya 61:7)

*Aşağılanma* yerine *utanç* veya *küçük düşürülme* de diyebilirim. Aşağılanma, utanç ve küçük düşürülme yerine Tanrı bize onur ve sevinci sunuyor. İbraniler 2:19'da İsa'nın çektiği eziyetler ve ölümü aracılığı ile Tanrı'nın "birçok oğlu yüceliğe eriştirmeyi" amaçladığını görüyoruz.

Sevinç, onur ve görkem. Bu üçü utanç ve aşağılanma yerine bize sunulmuştur. Şimdi en derin yaramıza gelelim, yani reddedilmeye. İsa çifte reddedilmeye göğüs gerdi: İnsanlar tarafından ve Tanrı tarafından.

Yeşaya İsa'nın halkı tarafından reddedilişini çok açık şekilde betimledi:

*"İnsanlarca hor görüldü,*
*Yapayalnız bırakıldı.*
*Acılar adamıydı, hastalığı yakından tanıdı.*
*İnsanların yüz çevirdiği biri gibi hor görüldü,*
*Ona değer vermedik."* (Yeşaya 53:3)

Bununla beraber Kurtarıcı'ya daha da kötü şeyler olacaktı. İsa'nın çarmıhtaki son dakikaları Matta'da şöyle anlatılmaktadır:

*"Öğleyin on ikiden üçe kadar bütün ülkenin üzerine karanlık çöktü. Saat üçe doğru İsa yüksek sesle, 'Eli, Eli, lema şevaktani?' Yani, 'Tan-*

*rım, Tanrım, beni neden terk ettin?' diye bağırdı.*

*Orada duranlardan bazıları bunu işitince, 'Bu adam İlyas'ı çağırıyor' dediler.*

*İçlerinden biri hemen koşup bir sünger getirdi, ekşi şaraba batırıp bir kamışın ucuna takarak İsa'ya içirdi. Öbürleri ise, 'Dur bakalım, İlyas gelip O'nu kurtaracak mı?' dediler.*

*İsa, yüksek sesle bir kez daha bağırdı ve ruhunu teslim etti.*

*O anda tapınaktaki perde yukarıdan aşağıya yırtılarak ikiye bölündü. Yer sarsıldı, kayalar yarıldı."* (Matta 27:45-51)

Tanrı'nın Oğlu dua etti fakat evrenin tarihinde ilk kez Baba O'nun duasını cevaplamadı. Tanrı Oğluna yüz çevirdi. Tanrı Oğlunun yakarışlarına kulağını tıkadı. Neden? Çünkü o anda İsa bizim günahlarımızla özdeşleşmişti. Baba Tanrı'nın İsa'ya olan tavrı kutsal olan Tanrı'nın günaha olan tavrı olmalıydı, yani Tanrı paylaşımı kesti, bu tam ve kesin bir reddetmeydi. İsa buna kendi için katlanmadı ama tersine kendi canını bizim günahlarımız için kurban etti.

O anda İsa'nın kendi ana dili olan Aramice konuşması bana çok şey ifade eder. Bu gibi durumlara hastanedeki hastaları ziyaret ederken şahit olmuşumdur. İnsanlar çok acı çekerken, devasız bir hastalıkla boğuşurken hatta belki ölüme çok yakınken genellikle çocukluklarında ilk öğrendikleri dili kullanmaya başlarlar. Bu duruma çok şahit oldum fakat ilk eşim Lidya'nın ölüm döşeğindeyken söylediği sözleri çok daha canlı bir şekilde hatırlıyorum. Son nefesini verirken şu şekilde fısıldadı: *"Tak for blodet; tak for blodet."* (Kanın için teşekkür ederim.) O da kendi ana dili olan Danimarka'ca konuştu.

Bu bölüm İsa'nın insanlığını çok canlı bir şekilde ortaya koyar. Büyük bir acı ve keder içindeyken çocukken evde konuştuğu anadilde yani Aramice haykırdı.

O korkunç karanlığı düşünün. İlk başta insan tarafından sonra da Tanrı tarafından yaşadığı o terkedilmeyi, o yalnızlığı düşünün. Siz veya ben reddedilmeyi yaşamış olabiliriz ama bu ölçüde büyük bir reddedilmeyi değil. İsa reddedilme kasesinin dibindeki telveyi bile sonuna kadar içti. Belki çarmıhta birkaç saat daha fazla yaşayabilirdi fakat kırık kalbi buna izin vermedi. Kalbini kıran neydi? Büyük bir reddedilme. Ve bunun hemen ardından gelen dramatik sonuca bir bakın:

*"O anda tapınaktaki perde yukarıdan aşağıya yırtılarak ikiye bölündü. Yer sarsıldı, kayalar yarıldı."* (Matta 27:51)

Bunun anlamı nedir? En basit şekilde Tanrı ve insan arasındaki engel kalkmış oldu. Utanmadan, suçlu hissetmeden, korkmadan Tanrı'ya yaklaşma kapısı açıldı. İsa, biz Tanrı'nın onayını yaşayabilelim diye reddedilmişliğimizi üzerine aldı. Yırtılan perdenin anlamı buydu. Babası tarafından reddedilmesi İsa'nın dayanamayacağı bir durumdu. Fakat, Tanrı'ya şükür bunun sonucunda artık Tanrı'yla doğrudan bağlantımız var.

Şimdi Tanrı'nın nasıl çalıştığını ve kabul edilmemizi nasıl tamamladığını görelim:

*"Bizi Mesih'te her ruhsal kutsamayla göksel yerlerde kutsamış olan Rabbimiz İsa Mesih'in Babası Tanrı'ya övgüler olsun. O kendi önünde sevgide kutsal ve kusursuz olmamız için dünyanın kuruluşundan önce bizi Mesih'te seçti. Kendi isteği ve iyi amacı uyarınca İsa Mesih aracılığıyla kendisine oğullar olalım diye bizi önceden belirledi. Öyle ki, sevgili Oğlu'nda bize bağışladığı yüce lütfu övülsün."* (Efesliler 1:3-6)

Yaradılıştan bile önce Tanrı'nın nihai amacı neydi? O'nun çocukları, oğulları ve kızları olmamız. Bu ancak, İsa'nın çarmıh üzerinde bizim yerimize ölmesiyle başarılabildi. İsa bizim günahlarımızı üstlenip bizim reddedilmemize katlanarak bizim kabulümüzün yolunu açtı. Sadece o anda Mesih Tanrı'nın Oğlu olma statüsünü kaybetti öyle ki biz Tanrı'nın oğulları ve kızları olma statüsünü kazanabilelim.

Kutsal Kitap'ın NKJV İngilizce çevirisi bize bu metinle ilgili özel bir kavrayış verir: *"Sevgili Oğlun aracılığı ile kabul edilmemizden dolayı O'nun yüce lütfu övülsün"* (Efesliler 1:6). Reddedilmeye karşı Tanrı'nın çözümü budur (Kendi statüsüne sizin de sahip olabilmemiz için İsa sizin reddedilişinizi üstlendi).

Bu vahyin derinliğini iyice düşünün! Biz Tanrı'nın özel sevgisinin ve ilgisinin hedefiyiz. Tanrı'nın evrende ilgilenmesi gerekenler listesinde ilk sıradayız.

O bizi bir kenara atıp, "Şurada bekle. Şu an meşgulüm. Senin için zamanım yok" demez.

Hiçbir melek de "Ses çıkarma Baba uyuyor" demez.

Tanrı şöyle der: "İçeri gel. Hoş geldin. Senle ilgileniyorum. Seni seviyorum ve istiyorum. Seni uzun zamandır bekliyordum."

Luka 15:11-32'deki kayıp oğul meselinde oğlunun eve dönmesi için dışarıyı gözleyerek bekleyen babanın yüreği Tanrı'nın bize karşı olan yüreğini gösterir. Kimsenin ona gelip "Oğlun eve geliyor" demesine gerek kalmamıştı. Oğlunun eve geldiğini bilen ilk kişi babasıydı. Tanrı'nın bize karşı Mesih'teki tavrı aynı bu babanınki gibidir. Biz reddedilenler değiliz; biz ikinci sınıf vatandaşlar değiliz; biz köleler değiliz.

Kaybolan oğul geri döndüğünde bir hizmetkâr olmaya razıydı. O *"Baba... Beni işçilerinden biri gibi kabul et"* der gibi oldu (Luka 15:18,19). Fakat kaybolan oğul günahlarını itiraf ettikten sonra baba sözünü kesti ve onun bir daha *"Beni işçilerinden biri gibi kabul et"* demesine asla izin vermedi.

Tam tersine baba şöyle dedi: *"Çabuk, en iyi kaftanı getirip ona giydirin!' dedi. 'Parmağına yüzük takın, ayaklarına çarık giydirin! Besili danayı getirip kesin, yiyelim, eğlenelim. Çünkü benim bu oğlum ölmüştü, yaşama döndü; kaybolmuştu, bulundu."* (Luka 15: 22-24)

Tüm ev halkı kaybolan oğlu karşılamak için altüst olmuştu. Göklerde de aynı şey yaşanır. İsa şöyle dedi:

"... *Aynı şekilde gökte, tövbe eden tek bir günahkâr için, tövbeyi gereksinmeyen doksan dokuz doğru kişi için duyulandan daha büyük sevinç duyulacaktır.*" (Luka 15:7)

Tanrı bizi Mesih'te aynı bu şekilde karşılar.

Burada iki şeye sımsıkı sarılmanız lazım. İlki, Mesih tüm utanç ve ihaneti, acı ve kalp kırıklığını yaşayarak bizim reddedilmemizi çarmıhta kaldırdı. Aslında O kırık bir kalp ile öldü.

İkinci olarak, O'nun reddedilmesi ile biz kabul edildik. Biz Sevgili Oğul'da kabul edildik. Bu bir değiş tokuştu. Biz iyiye sahip olabilmemiz diye İsa kötü olana katlandı. O'nun sevincini yaşayabilmemiz için bizim üzüntülerimizi yüklendi.

Bazen tek ihtiyacımız olan, bu iki gerçeği kavramaktır. Birkaç yıl önce büyük bir kilise kampında vaaz vermek için giderken karşıdan aceleyle bana doğru gelen bir bayana rastladım. Nefes nefese "Prince kardeşim, eğer Tanrı senle konuşmamı istiyorsa bizi karşılaştırsın diye dua ediyordum" dedi.

"Peki" dedim, "İşte karşılaştık! Sorun nedir? Sadece iki dakikam var çünkü vaaz vermeye gitmeliyim." Kadın konuşmaya başladı fakat neredeyse yarım dakika sonra onun sözünü böldüm ve dedim ki: "Bekle, senin sorununun ne olduğunu biliyorum. Daha fazla anlatmana gerek yok. Senin sorunun reddedilme. Bu sorunun çözümünü biliyorum. Dinle. Şimdi söyleyeceğim sözleri benden sonra tekrar et."

Ona ne söyleyeceğim konusunda bilgi vermedim. Basit bir şekilde o anda dua ettim ve dediklerimi tek tek tekrar etti:

*"Baba Tanrı,*
*Beni sevdiğin, Oğlunu, İsa'yı benim günahlarımı kaldırması için benim yerime ölmesi için yolladığın için, benim reddedilmemi ve suçumu kaldırdığın için teşekkür ederim. O'nun aracılığı ile artık reddedilmiş, istenmeyen değilim ve önüne gelebiliyorum. Beni gerçekten seviyorsun. Ben gerçekten senin çocuğunum. Sen gerçekten benim Babamsın. Senin ailene aitim. Evrendeki en iyi ailenin üyesiyim. Gökler benim evimdir.*

*Gerçekten oraya aitim. Tanrım, teşekkür ederim. Sana teşekkür ederim."*

Bu duayı bitirdikten sonra "Amin, güle güle, gitmem gerek." deyip onun yanından ayrıldım.

Yaklaşık bir ay sonra, bu bayandan bir mektup aldım. Karşılaşmamızı anlattıktan sonra şunları yazmıştı: "Sizle geçirdiğimiz o iki dakika ve siz söyledikten sonra tekrarladığım o dua tüm hayatımı değiştirdi. Artık tamamıyla farklı bir kişiyim."

Mektubu okumaya devam ederken o bayanın ettiğimiz dua esnasında reddedilmeden kabul edilmeye geçtiğini anladım.

Tanrı'nın ailesi en iyi ailedir. Tanrı'nın ailesiyle eşit dahi sayılabilecek bir aile yoktur. Aileniz size ihtimam göstermediyse, babanız sizi reddettiyse, annenizin sizle ilgilenecek zamanı hiç olmadıysa veya eşiniz size hiç sevgi göstermediyse dahi Tanrı'nın sizi arzuladığını aklınızdan çıkarmayın. Kabul edildiniz, ayrıcalıklısınız, Tanrı'nın özel ilgi ve itinasına sahipsiniz. Evrende yaptığı her şeyi sizin için yapmakta.

Mükemmel Hristiyanlar olmamalarına rağmen, Pavlus Korintlilere mektubunda "Bütün bunlar sizin yararınızadır" (2. Korintliler 4:15) demiştir. Tanrı her ne yapıyorsa bizim için yapar. Bunun farkında olmanız sizin burnu büyük biri olduğunuz anlamına gelmez hatta tam tersine bu sizi alçakgönüllü kılacaktır. Tanrı'nın lütfunu kabul ettiğinizde kibrinize yer kalmayacaktır.

İsa'nın çarmıha gerilmeden önce ettiği dua dikkat çekicidir. İsa ilk olarak Kendini takip edenler için dua etmiştir ve hemen sonra da takip edecek olanlar için (bknz. Yuhanna 17:20). Bu dua, Tanrı'yla Babamız olarak sahip olduğumuz ilişkiyle ilgilidir ve şu şekilde tamamlanır:

*"Adil Baba, dünya seni tanımıyor, ama ben seni tanıyorum. Bunlar da beni senin gönderdiğini biliyorlar. Bana beslediğin sevgi onlarda olsun, ben de onlarda olayım diye senin adını onlara bildirdim ve bildirmeye devam edeceğim."* (Yuhanna 17:25-26)

İsa Tanrı'yı bize nasıl tanıttı? Baba olarak. Yahudiler Tanrı'yı on dört yüzyıl boyunca Yahve olarak tanıdılar fakat O'nu Baba olarak tanıtabilen sadece Oğlu'ydu. İsa dua ederken altı kez Tanrı'yı Babası olarak tanıtmıştır (Yuhanna 17:1, 5, 11, 21, 24, 25).

İsa *"...senin adını onlara ... bildirmeye devam edeceğim"* derken Tanrı'yı Baba olarak tanıtmaya devam edeceğini söylüyordu (Yuhanna 17:26). Bu vahinin esas amacı ise ayetin başında vurgulanır:

*"Bana beslediğin sevgi onlarda olsun, ben de onlarda olayım diye..."* (Yuhanna 17:26)

Bu ayetten, İsa içimizde olduğundan Tanrı'nın İsa'ya hissettiği sevginin aynısını bize de hissettiğini anlıyorum. İsa nasıl Tanrı'nın biriciğiyse biz de öyleyiz. Bunun yanı sıra burada başka bir etken daha var. İsa bizde olduğu için, İsa Baba'yı nasıl seviyorsa biz de öyle sevebiliriz.

Bu bize İsa'nın dünyadaki hizmetinin nihai amacını gösterir: Baba ile Oğul arasında var olan sevgi ilişkisine bizi de sokmak... Bu ilişkinin iki unsuru vardır: Baba, İsa'ya duyduğu sevgiyi bize de duymakla kalmaz, biz de İsa'nın Baba'ya olan sevgisi ile O'na karşılık verebiliriz.

İsa'nın sevdiği öğrencisi bize şöyle dedi: *"Sevgide korku yoktur. Tersine, yetkin sevgi korkuyu siler atar"* (1. Yuhanna 4:18). Biz bu sevgi ilişkisinde geliştikçe kalbimizde suçluluğa, güvensizliğe ve reddedilmeye yer kalmayacaktır.

Belki babanızla ilgili güzel anılarınız yoktur. Tanrı tüm babaların Kendi Babalığını yansıtmasını istemiştir, fakat ne yazık ki birçok baba bunu yapamamıştır. Fakat hala sizi anlayan, sizin için en iyisini düşünen, sizin için en iyiyi planlayan bir Göksel Babanız var. O sizi asla bırakmayacak, sizi asla yanlış anlamayacak, size karşı olmayacak ve sizi asla reddetmeyecek.

Bazıları için Mesih'te kabul edilmiş olduklarını ve Tanrı'nın babalığını kabul etmeleri reddedilme sorununu çözer. Fakat bazıları için bu yeterli bir çözüm olmayabilir. Eğer hala sorununuzun çözülmediğini hissediyorsanız belki daha çok yardıma ihtiyacınız vardır. Benimle bir sonraki bölüme geçin ve orada Tanrı'nın sağlayışlarını hayatınızda etkili kılacak belli başlı bazı adımları açıklayacağım.

## ALTINCI BÖLÜM

## ÇÖZÜMÜ UYGULAMAK

Bu noktaya kadar Kutsal Ruh'a yaranızın durumunu araştırması, acıya ve enfeksiyona neden olan yabancı cismi bulması için izin verdiniz. Şimdi Tanrı'nın sunduğu şifayı kabul ediyor musunuz? Ediyorsanız, sizi başarıya ulaştıracak şu beş adımı uygulamanız gerekir.

**Birinci Adım:** Sorununuzun doğasını fark edip, bu sorunu doğru adlandırmak (reddedilme). Tahrip edici ve acı verici gibi görünse de, Tanrı'nın yardımını kabul edebilmemiz için Tanrı her seferinde bizi gerçekle yüzleştirir.

**İkinci Adım:** İsa'nın yolunu izleyin.

*"Mesih, izinden gidesiniz diye uğrunuza acı çekerek size örnek oldu."* (1. Petrus 2:21)

İsa nasıl bir reddedilme ile tanıştı? Üç buçuk yıl boyunca İsa tüm hayatını iyi olanı yaparak, günahları bağışlayarak, cine tutsak olan kişilere özgürlüklerini vererek ve hastaları iyileştirerek geçirdi. Bu sürenin sonunda Roma Valisi İsa'nın öz halkı olan Yahudiler'e bir seçenek sundu. "Nasıralı İsa'yı mı yoksa hem politik hem de cinayet suçlarından tutuklu Barabba adlı suçluyu mu serbest bırakmamı istersiniz?" diye sordu.

İnsanların İsa yerine Barabba'yı seçmeleri insanlık tarihinin en şaşırtıcı ve trajik kararlarından biridir. Kalabalık "Yok et İsa'yı! Çarmıha ger! O'nu istemiyoruz. Bize katil ve asi Barabba'yı ver" diye bağırıyordu.

Buna karşılık İsa, kendisini çarmıha gerenler için şöyle dua etti:

*"Baba, onları bağışla. Çünkü ne yaptıklarını bilmiyorlar."* (Luka 23:34)

Bu nedenle ikinci adım bağışlamaktır. Bağışlamak kolay değildir. Aslında bunu başarmak sadece sizin yeteneğinize kalsaydı, yapamazdınız. Fakat yalnız değilsiniz. Bu aşamaya gelene kadar Kutsal Ruh sizinleydi. Eğer kendinizi

O'na teslim ederseniz, O da size bağışlayabilmeniz için gerek duyduğunuz doğaüstü lütfunu verecektir.

"Ama beni kıran kişi öldü, neden onu bağışlayayım ki?" diyebilirsiniz. O kişi ölmüş olsun veya olmasın bağışlamanız önemlidir. Bağışlamanız sizin iyiliğiniz içindir, diğer kişininki için değil.

Bu mesajı duyan iyi, genç bir Hristiyan tanıyorum. Bu genç ölmüş babasına karşı yıllarca acılık, kin, kızgınlık ve isyan dolu olduğunun farkına vardı. Bir gün eşini de alıp birkaç yüz kilometre uzaklıktaki babasının gömülü olduğu mezarlığa gitti. Eşini arabada bırakıp, babasının mezarına yalnız gitti. Diz üstüne çöktü ve birkaç saat kendini zehirleyen ne varsa söyledi. Babasını bağışlayana kadar ayağa kalkmadı. Mezarlıktan çıkarken artık çok farklı biriydi. Bugün eşi kocasının yepyeni birine dönüştüğü konusunda tanıklık veriyor. Babası ölmüştü fakat ona olan kırgınlığı o zamana kadar canlı kalmıştı.

Ebeveyn-çocuk ilişkisinde bir şey özellikle çok önemlidir. Özellikle de gençlerin bunu unutmaması gerekir.

On Emir'deki bir emir tamamen bununla ilgilidir:

*"Tanrın RAB'bin buyruğu uyarınca annene babana saygı göster. Öyle ki, ömrün uzun olsun ve Tanrın RAB'bin sana vereceği ülkede üzerine iyilik gelsin."* (Yasa'nın Tekrarı 5:16)

Şundan emin olabilirsiniz: Eğer ailenizi onurlandırmazsanız hayatınız asla yolunda gitmeyecektir; ama eğer onları onurlandırırsanız Tanrı sizi uzun ve kutsanmış bir hayat ile kayıracaktır (Bkz. Efesliler 6:2-3).

Bana "Annem hayat kadını; babam bir alkolik. Benden onu onurlandırmamı mı bekliyorsun?" diyebilirsiniz. Evet, bekliyorum. Onları hayat kadını veya alkolik olarak değil ama anneniz ve babanız olarak onurlandırmanızı bekliyorum. Bu, Tanrı'nın buyruğudur.

İman edip, Kutsal Ruh ile vaftiz olduğum ilk zamanlarda ailemden çok daha fazla şey bildiğimi sanıyordum. Mark Twain de yıllarca evden uzak olduktan sonra eve döndüğünde ailesinin bu süre içinde ne kadar çok şey öğrendiğini gördüğüne çok şaşırdığını söyler! Evet, bende böyleydim ve Tanrı bana bir gün şu prensibi gösterdi: İşlerin yolunda gitmesini istiyorsan aileni onurlandırmayı öğrenmelisin. Ebeveynlerim hayatta değiller ve onları onurlandırmayı gerçekten öğrendiğim için Tanrı'ya şükrediyorum Sanırım hayatımın yolunda olmasının nedenlerinden biri de budur.

Bu prensibin her iki yönünü de gördüm. Anne babasını onurlandırıp kutsanan kişileri de gördüm, bunu yapmayı reddeden ve hayatları kötü giden kişileri de. Bu kişilerin hayatlarında Tanrı'nın tam bir kutsaması asla olmadı.

Tanrı'nın kutsamasını engelleyen en yaygın engel bağışlayamamaktır. Bu prensip eşlerin ilişkisinde de aynıdır. Dua ve tövbe için gelen bir bayan ile olan konuşmamızı hatırlıyorum. Ona "Kocanı bağışlamak zorundasın" dedim.

O ise "On beş yılımı mahvettikten ve başka bir kadınla gittikten sonra mı?" dedi.

Cevabım ise şöyle oldu: "Peki, hayatının geri kalanını da mı mahvetmek istiyorsun? Eğer istiyorsan, ona kızmaya devam et çünkü bu hayatının geri kalanının da mahvedecektir."

Unutmayın, en çok acıyı nefret edilen kişi çekmez. Nefret eden kişi çeker. Biri ülser olan bir adam hakkında şunu söylemişti: "Ülser adamın yediklerinden kaynaklanmıyor, adamı yiyen şeyden kaynaklanıyor."

Bağışlama bir duygu değildir, bir karardır. "Ben yapamam" demeyin. Bunu demeniz, "Ben yapmayacağım" demektir. Eğer, "Ben yapmayacağım" diyebiliyorsanız, "Ben yapacağım" da diyebilirsiniz. Bedensel doğanız bağışlayamayabilir fakat Tanrı'nın bağışlamasının sizde ve sizin aracılığınızla etkin olmasını isteyerek bağışlamayı seçebilirsiniz. Kutsal Ruh size bağışlama gücünü verdiğinde (mutlaka verir), bağışlay*abileceks*iniz (eğer isterseniz).

**Üçüncü Adım:** Katılık, gücenme, nefret ve isyan gibi kötü meyveleri büyüten reddedilmeyi hayatınızdan çıkarmaya kesin kararlı olun. Mezarlığa giden o genci hatırlayın! Bu meyveler zehirdir. Bunları yüreğinize ekerseniz tüm hayatınızı zehirleyeceklerdir. Bunlar sizde derin duygusal hatta fiziksel problemler yaratabilirler. İsteyerek bir karar verin ve şöyle deyin: "Acıyı, gücenmeyi, nefreti ve isyanı bırakıyorum."

İyileşmiş alkoliklere danışmanları şunu öğütler: "Nefret sizin için artık karşılayamayacağınız kadar lüks bir şey." Bu hepimiz için geçerlidir. Kimsenin nefretle yaşamaya gücü yetmez çünkü bedeli çok pahalıdır.

**Dördüncü Adım:** Bu adımda yapmanız gereken şey, Tanrı'nın sizin için zaten yapmış olduğu şeyleri kabul etmek ve onlara inanmaktır...

*"Sevgili Oğlun aracılığı ile kabul edilmemizden dolayı O'nun yüce lütfu övülsün."* (Efesliler 1:6, NKJV çevirisi)

İsa aracılığı ile Tanrı'ya ulaştığınızda çoktan kabul edildiğinizi keşfedersiniz. Tanrı'nın ikinci sınıf çocuğu yoktur. O size sadece tahammül etmiyor, sizi seviyor, ilgileniyor ve önemsiyor. Tekrar Efesliler'deki şu güzel sözlere bakalım:

*"O (Tanrı) kendi önünde sevgide kutsal ve kusursuz olmamız için dünyanın kuruluşundan önce bizi Mesih'te seçti. Kendi isteği ve iyi amacı uyarınca İsa Mesih aracılığıyla kendisine oğullar olalım diye bizi önceden belirledi. Öyle ki, sevgili Oğlu'nda bize bağışladığı yüce lütfu övülsün."* (Efesliler 1:4-6)

Tanrı'nın ezeli amacı O'nun çocukları olmamızdı ve O bunu İsa'nın çarmıhtaki ölümüyle başardı. Tek yapmanız gereken Tanrı'nın sizi çocuğu olarak istediğine inanmaktır. Siz İsa aracılığı ile Tanrı'ya gittiğinizde O sizi çoktan kabul etmiş olacaktır.

**Beşinci Adım:** Kendinizi kabul edin. Bazen bu en zor basamaktır. Hristiyanlar'a şunu derim: "Kendinizi küçük görmeyin. Siz kendinizi yaratmadınız. Sizi Tanrı yarattı."

Efesliler 2:10'da şöyle yazar: *"Biz Tanrı'nın yapıtıyız"* Buradaki yapıt kelimesinin orijinal Grekçe karşılığı poiema'dır (İngilizcede şiir anlamına gelen *poem* kelimesi buradan türemiştir). Bu kelime sanatsal bir eser anlamındadır. Biz Tanrı'nın başyapıtlarıyız. Tanrı tüm yarattıklarının arasında en çok zamanı ve özeni bizim için harcadı.

Ne şaşırtıcıdır ki Tanrı Kendi yarattıkları için bir hiç oldu! Belki geçmişinizde yaptığınız yanlışların ve yanlış başlangıçların kayıtlarına bakıyorsunuz; başarısız bir evlilik, çocuk yetiştirmedeki başarısızlığınız veya maddi felaketler gibi. Siz kendinizi başarısız olarak damgalayabilirsiniz fakat Tanrı sizi "Oğlum, Kızım" diye çağırıyor. Kendinizi olduğunuz gibi kabul edebilirsiniz çünkü Tanrı sizi olduğunuz gibi kabul ediyor. İsa aracılığı ile Tanrı'ya geldiğinizde yeni bir yaratığa dönüşürsünüz.

*"Bir kimse Mesih'teyse, yeni yaratıktır; eski şeyler geçmiş, her şey yeni olmuştur. Bunların*

*hepsi Tanrı'dandır. Tanrı, Mesih aracılığıyla bizi kendisiyle barıştırdı ve bize barıştırma görevini verdi."* (2. Korintliler 5:17-18)

Kendinizi Mesih'i tanımadan önceki yaşantınıza göre değerlendiremezsiniz çünkü artık yeni yaratıksınız. Şimdi kendinizi değerlendirmede kullanacağınız tek standart, Tanrı'nın İsa'da kim olduğunuzla ilgili ne söylediğidir. Tanrı'nın Sözü uyarınca Mesih'te kim olduğunuzu tekrarlayarak ikrar ettiğinizde geçmişi ve kendiniz hakkındaki olumsuz konuşmaları aşıp kendinizi kabul etmeyi öğreneceksiniz.

Bu beş adımı uyguladınız mı? Uyguladınızsa şimdi özgürlüğünüzü ilan etme ve Tanrı'nın sizi kabulünden öğrendiklerinizi mühürlemek için dua etme zamanıdır.

Kendi sözlerinizle basit bir şekilde dua edebilirsiniz. Fakat ne söylemeniz gerektiği konusunda emin değilseniz işte size yol gösterecek bir dua:

*"Rab İsa Mesih,*
*Senin Tanrı'nın Oğlu ve Tanrı'ya giden tek yol olduğuna inanıyorum. Sen günahlarım için çarmıhta öldün ve ölümden dirildin. Tüm günah-*

*larımdan tövbe ediyorum ve beni bağışlaman için bana karşı suç işleyen herkesi bağışlıyorum. Beni reddeden, beni inciten, benden sevgisini esirgeyen herkesi bağışlıyorum ve Rab beni bağışladığına güveniyorum.*

*Rab beni kabul ettiğine inanıyorum. Çarmıhta benim için yaptığın şey dolayısıyla şimdi kabul edildim. Çok özelim. Benimle özel olarak ilgileniyorsun. Beni gerçekten seviyorsun. Beni istiyorsun. Baban Babamdır. Evim göklerdedir. Ben Tanrı'nın ailesinin bir üyesiyim ve bu aile evrendeki en mükemmel ailedir. Kabul edildim. Teşekkür ederim! Teşekkür ederim!*

*Rab bir şey daha var: Beni yarattığın gibi kendimi kabul ediyorum. Ben senin eserinim ve bu eser için teşekkür ederim. Bende güzel bir işe başladığına ve bunu hayatımın sonuna dek sürdürüp tamamlayacağına inanıyorum.*

*Rab şimdi hayatımdaki yaralardan beslenen karanlık ve kötü ruhlardan özgür olduğumu ilan ediyorum. Ruhumu Sende sevinmesi için özgür bırakıyorum. Senin değerli adınla, Amin."*

Şimdi size eziyet eden kötü ruhtan kurtulma zamanıdır. Eğer bu duayı yaparken duanızla mücadele eden bir ruh hissetiyseniz bu kötü bir ruhtur. Reddedilme, dargınlık, kendine acıma, nefret, ölüm veya buna benzer kelimeler aklınıza gelebilir. Bu Kutsal Ruh'un içinizdeki düşmanın kimliğini açığa çıkarmasıdır. Düşmanı adıyla reddedin ve onu bırakın gitsin. Düşman kendini hangi belirtilerle belli ederse etsin, onu kovmak zorundasınız. İster bir solukta, ister ağlayarak veya ister bağırarak onu dışarı atın, ama mutlaka atın!

Bu uzun zamandır özlemini çektiğiniz an. Şu anki hassasiyetiniz hakkında endişelenmeyin! Kutsal Ruh'un size sağladığı tüm yardımı kabul edin.

Rahatlamayı tattıkça Tanrı'yı yüksek sesle övün: "Rab, Sana teşekkür ederim. Rab, Seni överim. Rab, Seni seviyorum! Sendeki özgürlük için teşekkür ederim. Beni özgür kıldığın için teşekkür ederim. Benim için yaptığın her şey için teşekkür ederim."

Tanrı'ya teşekkür etmek özgürlüğünüzü mühürler. Şimdi yeni özgür hayatınıza hazırsınız.

## YEDİNCİ BÖLÜM

## TANRI'NIN AİLESİNE KABUL EDİLMEK

Tam bir kabul ediliş için atmanız gereken bir adım daha var: Tanrı'ya ait olan kişilerce kabul edilme. Bu Mesih'in bedenindeki yerinizi keşfetmeniz anlamına gelir. Hristiyanlar olarak hayattan kopuk bireyler olamayız. Biz diğer imanlılar ile ilişkiye çağrıldık. Bu ilişki günlük yaşantımızda kabul edilişimizi geliştirecek yollardan biridir. Göksel Babamız tarafından kabul edilmemiz, en önemli ve ilk adımdır. Bununla beraber kabul edilişimiz diğer imanlılar ile olan ilişkilerimizde ifadesini bulmalıdır. Hristiyanlar hep beraber bir beden oluşturur ve her Hristiyan bu bedenin bir üyesidir. Pavlus'un yazdığı gibi:

*"Bir bedende ayrı ayrı işlevleri olan çok sayıda üyemiz olduğu gibi, çok sayıda olan biz-*

*ler de Mesih'te tek bir bedeniz ve birbirimizin üyeleriyiz."* (Romalılar 12:4-5)

Biz bir bedenin üyeleri olduğumuza göre ve her birimiz diğerlerine de aittir, bu nedenle diğerlerinden ayrı olarak asla mükemmel tatmini, huzuru veya kabul edilişi yaşayamayız.

*"İşte beden tek üyeden değil, birçok üyeden oluşur. Ayak, 'El olmadığım için bedene ait değilim' derse, bu onu bedenden ayırmaz. Kulak, 'Göz olmadığım için bedene ait değilim' derse, bu onu bedenden ayırmaz."* (1. Korintliler 12: 14-15)

Siz bu bedenin parçasısınız. Belki ayak, belki el, belki kulak veya gözsünüz. Ne olursanız olun bedenin diğer üyeleri olmadan eksiksiniz ve aynı şekilde bedenin diğer kısımları da siz olmadan eksik olacaklardır. Bu nedenle bedendeki yerinizi bulmanız çok önemlidir:

*"Göz ele, 'Sana ihtiyacım yok!' ya da baş ayaklara, 'Size ihtiyacım yok!' diyemez. Tam tersine, bedenin daha zayıf görünen üyeleri vazgeçilmezdir. Bedenin daha az değerli saydığımız*

*üyelerine daha çok değer veririz. Böylece gösterişsiz üyelerimiz daha gösterişli olur."* (1. Korintliler 12:21-23)

Bu nedenle imanlı kardeşlerimizin hiç birine "Sana ihtiyacım yok" diyemeyiz. Her birimizin diğerine ihtiyacı var. Tanrı bu bedeni üyeleri birbirine bağımlı olsun diye yaratmıştır. Hiç bir üye tek başına etkili olarak işlev göremez. Bu her birimiz için geçerlidir. Bu sizin için de geçerlidir. Diğer üyelere ihtiyacınız var ve diğer üyelerin de size ihtiyacı var. Bedendeki yerinizi bulmanız kabul edilişinizi gerçek kılar ve onu her gün yaşayacağınız bir deneyim haline getirir.

İncil'de Hristiyanlar'ın birliği konusunda bize sunulan başka bir resim ise aile birliğidir. Hepimiz aynı ve tek bir ailenin üyesiyiz. İsa'nın öğrencilerine öğrettiği harika dua "Babamız" diye başlar. Bu, bize şu iki şeyi gösterir. İlk olarak, Tanrı olan bir Babamız var. Bu Tanrı'nın bizi dolaysız olarak kabul ettiği anlamına gelir. Bu ifadenin dikkat etmemiz gereken kısmı "babam" değil "babamız" olmasıdır. Bu da hepimizin birçok çocuğa sahip olan bir aileye üye olduğumuzu ifade eder. Ailemizdeki yerimizi bulup oraya uyum sağladığımızda kabul edilişimiz çok daha etkin olacaktır. Bu nedenle, kabul edilişimizi Tanrı'yla dikey olarak ve Tanrı'nın ailesiyle de yatay olarak yaşarız...

*"Böylece artık yabancı ve garip değil, kutsallarla birlikte yurttaş ve Tanrı'nın ev haklısınız (veya Tanrı'nın ailesisiniz)."* (Efesliler 2:19)

Bunun alternatifi yabancılar ve tanınmayanlardır. *Yabancılar* ve *tanınmayanlar* kelimelerini sevmeyiz. 1963 yılında Amerika'ya göç ettim ve 1970 yılına kadar vatandaş değildim. Yedi yıl boyunca bu ülkede tanınmıyordum. Doğuştan vatandaşlık hakkına sahip olan kişiler bunun nasıl bir şey olduğunu bilemezler.

Her Ocak ayında Adalet Bakanlığı'na gidip nerede ikamet ettiğim hakkında bilgi veren bir form doldurmak zorundaydım. Bunun anlamı beni sınır dışı etmek istediklerinde veya bir soruları olduğunda beni nerede bulabilecekleriydi. Ayrıca bölgesel veya genel seçimlerde oy kullanamıyordum.

Yurt dışına çıktıktan sonra geri dönüşümde ise pasaport kontrolü için Amerikan vatandaşları haricindeki yabancılar için olan özel sıraya girmeliydim. Pasaportumun yanında da yabancı ikameti için gerekli küçük yeşil kartımı göstermek zorundaydım.

Vatandaşlar ve yabancılar arasında ayrım ve farklılıklar vardır. Yabancı iseniz ait değilsinizdir. Ama Tanrı artık şöyle diyor: "Yabancı değilsiniz. Kabul edildiniz. İçeridesiniz. Benim Ailemin bir parçasısınız." Bu, Tanrı'nın ailesinin içinde yerinizi bulduğunuzda gerçek olacaktır. Mezmur yazarı şöyle yazdı:

*"Tanrı kimsesizlere ev verir..."* (Mezmur 68:6a)

Yalnız mısınız? Milyonlarca insan yalnız ve Tanrı'nın yalnızlara aile sağlamak istediğinin farkında dahi değiller:

*"Tutsakları özgürlüğe ve gönence kavuşturur,*
*Ama başkaldıranlar kurak yerde oturur."*
(Mezmur 68:6b)

Tanrı'nın amacı sizi bir aileye yerleştirmektir. Bunu yaparak sizi bağlayan zincirleri kırar ve sizi mutluluğun içine götürür... Tanrı'nın önderliğini reddeden kişiler ise kurak yerde otururlar.

Nasıl Tanrı'nın ailesinin bir parçası olacağınızı merak edebilirsiniz... Kilise, birlik, hizmet ve benzer isimli yapılara katılabilirsiniz. İsim çok önemli değildir. Fakat tamamen kabul gördüğünüzü hissettiğiniz bir grup bulmak her zaman kolay değildir. *"Evlilik Antlaşması"* adlı kitabımda bir gruba katılmadan önce kişinin sorması gereken dokuz soruyu yazdım:

1 - Rab İsa Mesih'i onurlandırıp yüceltiyorlar mı?

2 - Kutsal Kitap'ın otoritesine saygı gösteriyorlar mı?

3 - Kutsal Ruh'un işlemesine izin veriyorlar mı?

4 - Tavırları sıcak ve dostça mı?

5 - İmanlarını gündelik hayatta somut bir şekilde uygulamaya koymaya çalışıyorlar mı?

6 - Sadece toplantılara katılmaktan başka kendi aralarında kişisel ilişkiler geliştiriyorlar mı?

7 - Size bütün meşru gereksinimlerinizi kucaklayacak şekilde ilgi gösteriyorlar mı?

8 - Diğer Hristiyan gruplarla paydaşlığa açıklar mı?

9 - Onların arasında kendinizi rahat ve evinizde hissediyor musunuz?

Eğer bu soruların hepsinin veya büyük çoğunluğunun cevabı evet ise samimi olmaya başlıyorsunuz. Buna rağmen Tanrı'dan kesin bir yönlendiriş alana kadar O'nu aramaya devam edin. "Tamamen mükemmel" bir grubu bulamayacağınızı da aklınızdan çıkarmayın.

Artık yalnızlıktan ve insanları dışarıdan izlemekten kurtulma yolunu biliyorsunuz. Yaşayan bir organizma, bir bedenin parçası olun. Yerinizi, işlevinizi keşfedin ve tatmin olduğunuzu hissedeceksiniz.

*Evlilik Antlaşması*'nın sonunda Tanrı'daki yerini bulmak isteyen kişiler için önerdiğim bir dua bulunmakta. Bu duaya burada da yer vermek istiyorum. Eğer bu dua sizin duygularınızı ifade ediyorsa duayı okuyun ve sonra kendi kelimelerinizle bu duayı edin. Böylece bu dua size ait olacaktır.

*Göksel Baba,*
*Yalnız ve eksik olduğumu kabul ediyorum.*
*"Senin evinde oturmanın" (Mezmur 84:4), Sana adanmış imanlıların ruhsal ailesinin bir parçası*

*olmanın özlemini çekiyorum. Bende bunlara ulaşmama engel olan her ne varsa kaldırmanı istiyorum. Beni bu özlemimi giderebileceğim bir gruba yönelt ve onlara kendimi gerektiği gibi adayabilmeme yardım et.*

Eğer bu duayı samimi bir şekilde ettiyseniz, size söz veriyorum hayatınızda bir şeyler gerçekleşecek. Tanrı harekete geçecek. O size yeni yollar açacak ve yeni arkadaşlıklar verecek. Sizin için yeni kapılar açacak. O sizi kurak topraklardan çıkaracak ve kendi ailesinin ve bedeninin bir üyesi yapacak.

## SEKİZİNCİ BÖLÜM

# İLAHİ SEVGİNİN DÖKÜLMESİ

Buraya kadar özetlersek, birçok kişinin reddedilmeden, ihanetten ve utançtan kaynaklanan ruhsal yaralardan acı çektiğini öğrendik. En belirgin nedenlerin ebeveynlerin ihmali, boşanma, toplumda küçük düşme ve çocuk istismarı olduğunu gördük.

İsa, çarmıhta gerçekleşen bir dizi değiş tokuşla yaralı ruhlara şifa sağladı. Biz Tanrı ve Tanrı'nın ailesi tarafından kabul edilelim diye O Tanrı ve insanlar tarafından reddedildi. Biz O'nun zaferini paylaşalım diye O utancı tattı. Biz O'nun yaşamına kavuşalım diye O bizim yerimize öldü.

Mesih'in yaptıklarını anlamak bazılarına kurtuluş getirebilir; diğerleri ise belki birkaç adım daha atmalıdırlar. İşte adımlar:

Nasıl yaralandığınızı göstermesi veya bu yaranın nerede olduğunu belirlemesi için Kutsal Ruh'a izin verin.

Size zarar veren kişileri bağışlayın.

Gücenme, acılık, nefret ve isyan gibi reddetmenin yıkım getiren meyvelerini terk edin.

Tanrı'nın sizi Mesih'te kabul ettiğini kabul edin.

Kendinizi kabul edin.

Reddedilmenin başlıca sonucu sevgiyi kabul edememe veya sevgiyi gösterememektir. Bu nedenle reddedilme ilahi sevgi karşısındaki en büyük engeldir. Tanrı ilahi sevginin bilincine varmamız için hayatlarımızda işler.

Burada vurgulamak istediğim şey Tanrı'nın bize karşı gösterdiği sevgi değil. Tanrı'nın sevgisinin içimize akması ve sonra da bizden tüm dünyaya taşması sürecine değinmek istiyorum. Bu sürecin birbirini izleyen iki evresi vardır: İlki Tanrı'nın *bize akan* sevgisi, sonra ise *bizden taşan* Tanrı'nın sevgisi. İlki doğaüstü bir deneyimdir, ikinci evre ise aşamalı olarak gelişerek şekillenen tanrısal karakterdir.

Bu durum bu tür bir sevginin salt insan sevgisiyle zıtlığını ortaya çıkartır. Gençliğimde özellikle William Shakespear'ın eserlerine hayrandım. Shakespear insani iki deneyim olan sevgi ve ölüm hakkında kafa yorardı. O, sevginin bir şekilde ölümden bir kaçış sağlayabileceğini umdu.

Bu durum "karanlık bayan" olarak adlandırılan birine yazdığı bir sonesinde de görülür. Görünüşe göre Shakespear bu kişiye karşı ihtiraslı bir sevgi besledi fakat tam bir karşılık alamadı. Bir sonesinde bu bayanı, yaşlansa dahi şiirlerindeki sevgi aracılığı ile onu ölümsüz kılabileceği konusunda ikna etmeye çalıştı:

*"Bir yaz günü ile kıyaslamak mı Seni?*
*Sen ki daha tatlısın, iklimin karar.*
*Hoyrat rüzgârlarla savrulurken Mayıs gülleri,*
*Yaz'ın ödünç verdiği, pek kısa buluşmalar...*
*Göklerin Gözü parladıkça ya sıcağıyla kavurur,*
*Ya da altın yüzünü sıklıkla buruşturur,*
*Güzellerden her güzellik eni sonu tükenir,*
*Ya Talih, ya Doğa hırpalar onu, acımaz, eskitir,*
*Lakin Senin sonsuz yaz'ın asla tükenmeyecek,*
*Ne de o duru güzelliğin sahibini inkâr edecek,*
*Ne Ölüm'ün gölgesi yaklaşabilecek sana,*

*Kenetlendikçe bu ebedi satırlarla Zamana,
İnsanoğlu soluk aldıkça, gördükçe gözler,
Yaşayacak bu şiir, Sana hayat verecek... "*
(Türkçe çeviri: A.Ülkü)

Sevgisi karşılığında ona sunabileceği en iyi hediye şiirinin ölümsüzlüğüydü. Gerçekten bu kadın öldüğü halde şiiri dört yüz yıldır yaşamaktadır.

Shakespear'ın aşktan büyük beklentileri vardı ve muhtemelen hayal kırıklığına uğradığını söyleyebilirim. Ben de bu yollardan geçmiş biri olarak onun hayal kırıklığını anladığımı sanıyorum.

Yirmi beş yıl boyunca şiirde, felsefede, dünyanın tüm zevkleri ve düşünsel zorlukları içinde kalıcı ve tatmin eden bir şeyler aradım. Araştırdıkça tatminim azaldı. Ne aradığım hakkında bir fikrim yoktu. Ancak Tanrı bana Kendini açıkladığında ve Kutsal Ruh ile vaftiz olduğumda o ana kadar aradığım şeyin bu olduğunu hemen anladım. Yirmi sene boyunca kiliseye gitmiştim fakat kimse bana böyle bir şeyden bahsetmemişti. Tanrı yüreğimi tamamen kaplayan sevgisini akıtarak beni tatmine ulaştırmıştı.

Şimdi insanları Tanrı'nın sevgisi ile sevdiğimizde (Shakespear'ın değil Tanrı'nın sevgisi) neler olduğuna bakacağız. Romalılar'da şu muhteşem ifadeyi okuruz:

*"Umut düş kırıklığına uğratmaz. Çünkü bize verilen Kutsal Ruh aracılığıyla Tanrı'nın sevgisi yüreklerimize dökülmüştür."* (Romalılar 5:5)

Umut veya sevgi Tanrı'ya bağlı olduğunda asla hayal kırıklığına uğratmazlar çünkü Tanrı'nın sevgisi yüreğimize dökülecektir (Tanrı'nın tüm sevgisi). Tanrı hiç bir şeyi kısıtlayarak vermez. Tanrı bize Kutsal Ruh'u verirken kovanın içinde ne varsa boşaltıp döker.

İkinci Dünya Savaşı esnasında İngiliz Ordusu'nda sağlık görevlisi olarak, dört buçuk yıl boyunca denizaşırı ülkelerde özellikle Kuzey Afrika'da hizmet ettim ve sonra da Filistin'de. Rüzgârlı, kuru bir çöl olan Sudan'da da bir sene geçirdim. Doğal insan düşüncesine göre Sudan'ın veya Sudanlıların etkileyici bir yanı yoktur. Fakat Kutsal Ruh ile vaftiz olmuştum ve Tanrı burada benim için bir planı olduğunu gösterdi. Sudanlılar için bana doğaüstü bir sevgi bahşetmeye başladı.

Ordu beni Sudan'ın kuzeyinde kalan Atbara adlı bir bölgede bulunan demiryolu kavşağına yerleştirdi. Yaralı askerlerin kabul edildiği küçük bir merkezden sorumluydum. Sanırım üç yatak vardı. Ben sivil bir doktor ile çalışmaktaydım fakat askerlik yaşamımda ilk kez tüm sorumluluk bendeydi. Ve yine ilk kez uyuyabileceğim bir yatağım vardı. Ayrıca, bu merkeze sağlanan ekipmanlar içinde beyaz pijamalar da vardı. O güne kadar üç sene boyunca iç çamaşırlarımla uyumak zorunda kalmıştım ve bu durumdan yorulmuştum. Bu olanaklardan yararlandım, yumuşak pijamalarımı giydim ve yatağımda uyudum. Bir akşam yatağıma uzanmış Sudan halkı için şefaat duası ederken Kutsal Ruh üzerime indi. Duamın onlara karşı sahip olduğum doğal insani duygularla ilgisi yoktu fakat uyuyamıyordum. İçimde Kutsal Ruh'tan kaynaklanan önemli bir durum hissediyordum. Kendimi duygu veya aklımın ulaşabileceğinden çok daha üstün doğaüstü bir sevgi ile dua ederken buldum.

Geceyarısı yatağımdan kalktım ve aşağı yukarı yürümeye başladım. Birden beyaz pijamamın parladığını fark ettim. O kısa anlarda göksel Şefaatçimiz Rab İsa ile aynı kimliğe büründüğümün farkına vardım.

Daha sonra, ordu beni Kızıldeniz civarlarında bulunan Hadundawa adlı fakir bir bölgede bulunan küçük bir hastaneye gönderdi. Bu bölge insanları oldukça vahşi ve yabani insanlardı. Yüz seneye yakın İngilizlerle savaşmışlardı. Bu dönemde İngiliz askerleri Hadundawa halkını kıvırcık kafalarından bir karış yüksekte fırça gibi saçları olduğu için "fuzzy-wuzziler" olarak adlandırmışlardı.

Asker arkadaşlarımın hiçbiri burada olduğu için memnun değildi fakat ben Tanrı'nın bana bu insanlara karşı bahşettiği sevgisi aracılığı ile hayatımın en mutlu sekiz ayını geçirdim. Sonuç olarak Hadundawa kabilesinden Rab'bi tanıyan ve Mesih'e olan imanını ikrar eden ilk üyeyi kazanma ayrıcalığını edindim. Oradan ayrılırken o kişiye ve o bölgeye hoşçakal demek beni çok üzdü.

O zaman Sudan'da o halk için Tanrı'nın sevgisinin küçük ölçüde döküldüğünü deneyimledim. Fakat daha sonra bunun benim karakterimde olgunlaşan Tanrı'nın sevgisiyle tamamlanması gerektiğini anladım.

Yaklaşık bir sene sonra ilk eşimle tanıştığım Filistin'de eşimin baktığı kız çocukları gördüğümde Rab yüreğimi Kendi mükemmel sevgisi ile yeniden doldurdu. O an ne ben ne de Lydia'nın evlilik gibi bir fikri yoktu fakat sonunda evlendik. Tanrı Kendi doğaüstü sevgisini yeniden yüreğime dökmüştü fakat bu henüz beni olmam gereken kişi haline getirmemişti. Sık sık bencil, rahatsız edici, sabırsız, kendine dönük, duygusuz olabiliyordum ve bunların hiç biri Mesih'in karakterine veya görünüşüne benzemiyordu.

Tanrı'nın sevgisinin doğaüstü bir şekilde dökülmesini deneyimlemek mükemmeldi fakat karakterimizi şekillendirmek için daha fazlasını yapmanız gerekir. Tanrı, karakterimizi şekillendirmek için bizi doğaüstü dökülen sevgisinin de ötesine geçirmek ister ki tutarlı bir şekilde O'nun sevgisini açığa vurabilelim. Bu uzun bir süreçtir ve bu süreci tamamlayabilmek için Tanrı'nın sabrına ihtiyacımız vardır.

Karakterimizi şekillendiren bu süreçte Tanrı'nın mükemmel Sözü hayati bir rol oynar:

*"O'nu tanıyorum deyip de buyruklarını yerine getirmeyen yalancıdır, kendisinde gerçek yoktur. Ama O'nun sözüne uyan kişinin Tanrı'ya olan sevgisi gerçekten yetkinleşmiştir. Tanrı'da olduğumuzu bununla anlarız. Tanrı'da yaşıyo-*

*rum diyen, Mesih'in yürüdüğü yolda yürümelidir."* (1. Yuhanna 2:4-6)

Bu ayet Kutsal Ruh'dan değil Tanrı'nın Sözü'nden bahseder. Burada doğaüstü bir deneyimden değil Tanrı'nın Sözü'ne itaat ederek karakterimizin yavaş ve sağlam adımlarla gelişerek şekillenmesinden bahsediyoruz. Eğer Mesih gibi Kutsal Yazılar'a itaat ederek Mesih'in rehberliğinde yürümeye sadık kalırsak, Tanrı'nın sevgisi içimizde tamamlanacak veya olgunlaşacaktır.

Yukarıdaki ayet madeni bir paranın iki yüzü gibidir. Bir yüzünde Tanrı'ya olan sevgimizi kanıtlayan Tanrı'nın Sözü'ne itaat vardır. O'nun Sözü'ne itaat etmeden O'nu sevdiğimizi iddia etmek boşuna olur. Diğer yüzünde ise O'nun Sözü'ne itaat ederken Tanrı sevgisini karakterimize işler. Bu iki yüz birbirini tamamladığı için birbirinden ayrılamazlar.

Havari Petrus'a göre karakter geliştirme yedi aşamadan oluşur:

*"İşte bu nedenle her türlü gayreti göstererek imanınıza erdemi, erdeminize bilgiyi, bilginize özdenetimi, özdenetiminize dayanma gücü-*

*nü, dayanma gücünüze Tanrı yoluna bağlılığı, bağlılığınıza kardeşseverliği, kardeşseverliğinize sevgiyi katın."* (2. Petrus 1:5-7)

Temel ile başlıyoruz. "Her türlü gayreti göstererek imanınıza, erdemi ekleyin." Tanrı'daki her başlangıç iman ile başlar. Başka herhangi bir başlangıç yoktur. Tanrı bize imanı verdikten sonra ise karakterimizin gelişmesi gerekmektedir.

2. Petrus 1:5-7'deki karakterimizi şekillendiren yedi adımı izleyelim.

"İmanınıza erdemi ekleyin." *Erdem* kelimesine alternatif olarak "mükemmeliyet" kelimesini kullanmayı severim. Mükemmeliyet bir Hristiyan'ın işaretidir. Yaptığınız hiçbir şeyi baştan savma yapmayın. İman etmeden önce bir kapıcıydıysanız artık daha iyi bir kapıcı olun. Daha önce öğretmendiyseniz artık daha iyi bir öğretmen olun. Eğer bir hemşireydiyseniz, şimdi daha iyisini olun. İmanımıza mükemmeliyeti de eklemeliyiz.

Beş yıl boyunca Kenya'da öğretmenlere eğitim veren bir kolejin müdürlüğünü yaptım. Başlıca amacım öğrencilerimin Mesih'i tanımasıydı. Mesih'e inandıklarını ikrar edip Kutsal

Ruh ile vaftiz olduktan sonra bazen "Beni zorlama" veya "Hristiyan olduğum için beni kayır" diyebiliyorlardı.

Ben de onlara şöyle diyordum: "Aksine artık sizden daha çok şey bekliyorum. Mesih'i bilen ve vaftiz olmuş bir öğretmen olarak Mesih'i tanımayan ve vaftiz olmamış bir öğretmenden iki kat daha iyi olmalısınız."

Tanrı mükemmeliyet için olan adanmışlığımı onurlandırdı. Kolejden sorumlu olmamın üçüncü senesinde son sınıf elli beş kişilik iyi eğitim görmüş kız ve erkek mezunlardan oluşuyordu. Son mezuniyet sınavlarında hepsi her dersten geçti. Öğretmen yetiştirilmesinden sorumlu Kenya devlet bakanlığı sorumlusu gelip beni kişisel olarak tebrik etti ve "Şimdiye kadar hiç böyle bir başarı görmedik" dedi.

Kutsal Kitap'ın mükemmel olun talebini gerçekleştirmeye çalışmam sonucunda bu oldu. Sınav sonuçlarımız laik yetkilileri yayınlayabileceğimiz öğretilerimizden çok daha fazla etkiledi. Hristiyanlıkta savsaklamaya yer yoktur. Açıkçası, yaptığı işleri baştan savan bir Hristiyan imanını reddediyordur.

"(Erdeme) Bilgiyi (ekleyin)." İlk olarak buradaki bilgi Tanrı'nın isteği ve Tanrı Sözü'nün bilinmesidir. İşinizi geliştirmek için dünyevi bilgi önemlidir ama daha da önemli olan şey sadece Tanrı'nın Sözü'nün araştırmakla keşfedilebileceğiniz, hayatınızdaki her durum için Tanrı'nın arzusunun ne olduğudur.

"Bilginize özdenetimi (ekleyin)." Eğer özdenetiminiz yoksa kendinizi, duygularınızı, sözlerinizi, arzularınızı ve sizi motive eden hiç bir şeyi kontrol etmeyi bilemez ve karakterinizi geliştirmeye azimle devam edemezsiniz.

"Özdenetime dayanma gücünü (ekleyin)." Unutmayın! Yine, dayanmayı öğrenemezseniz ilerleyemeyeceksiniz çünkü bir sonraki aşamaya ulaşmaya her çalıştığınızda, pes edeceksinizdir.

"Dayanma gücünüze Tanrı yoluna bağlılığı (ekleyin)." Tanrı yoluna bağlılık veya kutsiyet Kutsal Ruh'un sizin mizacınızı ve size ait olan herşeyi kontrol etmesine izin vermeniz ile gelişecektir.

"Bağlılığınıza kardeşseverliği (veya sevgiyi) (ekleyin)." Bu, dünyaya verdiğimiz ortak tanıklığımızdır. İsa şöyle dedi:

*"Birbirinize sevginiz olursa, herkes bununla benim öğrencilerim olduğunuzu anlayacaktır."* (Yuhanna 13:35)

"Kardeşseverliğinize sevgiyi katın." Kutsal, agape sevgisi. Bu, Tanrı'nın bize karşı olan eksiksiz, ideal mükemmel sevgisidir. Bu sevgi Kutsal Ruh Tanrı'nın sevgisini yüreklerimize dökerse yeşermeye başlar. Karakterimiz gelişirken son noktasına ulaşır. Kardeşseverlik ile ilahi sevgi arasındaki fark şudur: Kardeş severlikte bizi seven Hristiyan kardeşlerimizi severiz fakat kutsal sevgide bizden nefret edenleri, bize acı çektirenleri, sevgisiz olan ve sevilemeyecek olanları severiz.

Bu bizi reddedilme konumuza geri götürür. Bu yaranın iyileştiğine kanıt nedir? Sizi reddeden kişi için Tanrı size ilahi sevgiyi bahşetti mi? Sizi sevmeyen ebeveyninize gidip "Seni seviyorum" diyebiliyor musunuz? "Ayrıldığınız eşiniz için Tanrı'dan kutsamasını istiyor musunuz?" Bunları yapmak dünyadaki en anormal şeydir fakat Tanrı'nın sevgisi doğaüstüdür ve kendi çabamızla yapabileceklerimizin çok ötesine geçer.

Reddedilme, ihanet ve utanç yaralarından şifa bulma yolunda ilerlemek belki kutsamaların en mükemmelidir. Ve siz de sizin gibi yaralanmış olan kişiler için Tanrı'nın sevgisinin araçları olabilirsiniz.

# YAZAR HAKKINDA

Derek Prince (1915-2003) Hindistan'ın Bangalore eyaletinde, İngiliz ordusuna bağlı asker kökenli bir ailede doğdu. İngiltere'de Eton Lisesi ve Cambridge Üniversitesi'nde ve daha sonra İsrail'deki İbrani Üniversitesi'nde klasik diller (Yunanca, Latince, İbranice ve Aramice) konusunda araştırmacı olarak eğitim aldı. Öğrencilik yıllarında sıkı bir felsefeciydi ve kendini ateist olarak ilan etmişti. Cambridge'deki King's Lisesi'nde antik ve modern felsefe derslerini başlattı.

İkinci Dünya Savaşı sırasında, İngiliz Sıhhiye Kolordusu'ndayken, Prince bir felsefe çalışması olarak Kutsal Kitap okumaya başladı. İsa Mesih'le yaşadığı güçlü birlikteliğin dönüşümüyle, birkaç gün sonra Kutsal Ruh'la vaftiz oldu. Bu yaşam değiştiren tecrübenin tüm hayatına işlemesiyle kendini Kutsal Kitap çalışmaya ve öğretmeye adadı.

1945'te Kudüs'te ordudan ayrılıp oradaki çocuk evinin kurucusu olan Lydia Christensen'le evlendi. Evliliğinde, Lyda'nın evlat edinilmiş sekiz kız çocuğunun da (altısı Yahudi, biri Filistin'li Arap, biri de İngiliz) babası oldu. Ailece İsrail devletinin 1948'de *yeniden doğuşunu gördüler. 1950'lerin sonunda Kenya'daki bir lisede müdürlük yaparken, başka bir kız çocuğu daha evlat edindi.*

*Prince 1963 yılında Amerika Birleşik Devletleri'ne göç etti ve Seattle'da bir kilisede pastörlük yapmaya başladı. John F. Kennedy'nin katledilmesinin de etkisiyle Prince, Amerikalılara kendi ulusları için Tanrı'nın önünde nasıl aracılık etmeleri gerektiğini öğretmeye başladı. 1973'de Amerika İçin Dua Eden Aracılar'ın kurucularından biri oldu. Dua ve Oruçla Tarihi Şekillendirmek adlı kitabıyla dünyanın dört bir yanındaki Hristiyanlar'ı kendi hükümetleri için dua etme sorumluluğu konusunda uyandırdı. Birçoklarına göre bu kitabın el altından yapılan gizli çevirileri SSCB, Doğu Almanya ve Çekoslovakya'daki komünist rejimlerin yıkılmasında etkin bir rol oynadı.*

*Lydia Prince 1975'de öldü ve Derek 1978'de Ruth Baker'la (evlat edindiği üç çocuğa annelik yapan bekar bir kadın) evlendi. İlk eşine rastladığı Kudüs'te Rab'be hizmet ederken ikinci eşiyle tanıştı. 1981'den Ruth'un öldüğü 1998 Aralık ayına kadar Kudüs'te beraber yaşadılar.*

*2003 yılında 88 yaşındayken hayata gözlerini kapamasından birkaç yıl öncesine kadar Tanrı'nın onu çağırdığı hizmetlerde çalışmaya devam etti. Tanrı'nın açıkladığı gerçekleri duyurmak için dünyanın dört yanına seyahat etti, hastalar ve cinliler için dua etti ve Kutsal Kitap'ın ışığında dünyadaki olaylarla ilgili peygamberliklerde bulundu. Yazdığı elliden fazla kitap, altmıştan fazla dile çevrilerek tüm dünyaya dağıtıldı. Nesilden nesle geçen lanetler, İsrail'in müjdesel önemi ve demonoloji (Şeytan bilimi) gibi çığır açan konulardaki öğretilere öncülük etti.*

*Uluslararası merkezi North Carolina Charlotte'da bulunan Derek Prince Hizmetleri, dünyaya yayılmış şubeleriyle öğretilerini yaymaya ve hizmetkârlar, kilise liderleri ve cemaatler için eğitim vermeye devam etmektedir. Başarılı Yaşamın Anahtarları (şimdilerde Derek Prince'in Mirası Radyosu diye anılıyor) adlı radyo programı 1979'da başladı ve bir düzineden fazla lisana tercüme edildi. Tahminlere göre Prince'in açık, mezhepsel olmayan Kutsal Kitap öğretileri dünyanın yarısından fazlasına ulaştı.*

*Dünyaca tanınan bir Kutsal Kitap araştırmacısı ve ruhsal bir lider olarak Derek Prince, altı kıtada yetmiş yıldan fazla öğretti ve hizmet verdi. 2002'de şöyle demişti: "Benim (ve inanıyorum ki Rab'bin de) isteğim, altmış yılı aşkın bir süredir Tanrı'nın benim aracılığımla başlattığı bu hizmetin yaptığı işe İsa dönene kadar devam etmesidir."*

www.ingramcontent.com/pod-product-compliance
Lightning Source LLC
Chambersburg PA
CBHW071324040426
42444CB00009B/2072